Adua Villa

Una sommelier per amica

Idee, dritte e il vino migliore (senza svenarti) per ogni occasione

Sonzogno

www.sonzognoeditori.it

Prima edizione: ottobre 2012

ISBN 978-88-454-2527

Progetto grafico e art direction
Hangar Design Group

Non ricordo chi mi disse: «Far cucina è un'arte ma anche magia, sortilegio di aromi e sapori, è sapiente e misteriosa abilità di trarre armonia di gusti dagli ingredienti più strani proprio come potrebbe fare un mago che volesse creare un filtro d'amore, mescolando un soffio di vento, un pizzico di nuvola, due gocce di pioggia, tre grammi di arcobaleno». Credo che intendesse affermare come sia necessario creare le condizioni affinché i cibi preparati e i vini che vi si accostano siano il meraviglioso risultato d'una combinazione di elementi anche distanti nelle loro provenienze ma fusi in un elegante e stimolante amalgama.

Ritengo da sempre che l'eleganza di un vino venga esaltata da un piatto ben fatto e, al contrario, un buon piatto poco potrà fare per nascondere i difetti di un vino: ma il rischio non si corre leggendo questo libro perché evidenzia con grande consapevolezza, che è sinonimo di successo, la capacità di individuare le regole del bere bene e di scegliere i cibi e i vini di gran pregio per meglio unire l'utile al ludico.

L'utile: la conoscenza del vino e del cibo, delle tradizioni e della fantasia in questo sostare e uscire dai confini delle terre dove le ricette sono state inventate e le viti sono cresciute. Il ludico: lo stare a tavola insieme, con amici e compagni di cordata che, per pregio o per difetto, hanno lo stesso piacere materiale del buon bere e del buon magiare.

E saprà Adua Villa, con stile, nel suo racconto del libro e nella vita, evidenziare le emozioni che può darvi la conoscenza dell'Arte del Bere giusto. Certamente ad Adua il compito di indicare la proposta, al Produttore la qualità del suo Vino, allo Chef il prestigio di una sapiente realizzazione e a voi, grazie a queste pagine, il piacere di esserci.

Franco M. Ricci
Worldwide Sommelier Association
Presidente

1
È UNA QUESTIONE DI ETICHETTA
Cantina e dintorni

Metti una sera a cena. E se manca il vino, cosa si fa? Alzi la mano chi non ha avuto quel piccolo e strisciante senso di smarrimento al momento di dover concludere gli ultimi preparativi per la serata – la tovaglia, i bicchieri per l'aperitivo, in piedi o seduti, e così via – e manca la bottiglia di vino, quella giusta.

Lei: Compri tu il vino per stasera? Giacomo ed Elena sono molto esigenti e arrivano puntuali.
Lui: Ma perché mi avverti sempre all'ultimo momento?
Lei: Se ti chiamo quando sei in ufficio mi ammazzi, metaforicamente ma neppure tanto.

Comprare il vino. Ma dove? Al supermercato o in un'enoteca?

Scegliere l'enoteca giusta è come scegliere il bar giusto, quello che fa il caffè migliore che ci sia perché ne fa tantissimi e usa una miscela di qualità. L'enoteca deve essere selezionata per competenza, servizio, smercio e ambiente comunque adatto alla conservazione del prodotto. Ma ora anche tante importanti catene di supermercati stanno lavorando molto sul prodotto vino, allestendo interi reparti, alle volte anche con la periodica presenza di un sommelier per informazioni e delucidazioni nonché qualche piccolo assaggio, ma soprattutto con un lavoro di magazzino molto ben accurato.

Magari poi si potesse fare come a Montréal! Lo scorso inverno sono andata a viverci per qualche tempo e sono rimasta affascinata dai loro SAQ, punti vendita del Monopolio di stato del Québec. Nessuno a Montréal usa avere la cantina in casa perché tanto ci pensano quei negozi a conservare al meglio i vini, a me tocca solo andare a comprarli! E lo si fa anche prima di andare a un ristorante, perché spesso anche questi non hanno luoghi adatti alla conservazione o capitali da investire in bottiglie. Ed ecco che prima di andare a mangiar fuori si può passare da un SAQ, prendere il vino che si vuole e recarsi in uno dei tanti ristoranti del circuito *Vin à porter*! A dir poco, geniale.

Entrati nel negozio giusto, da dove cominciare una volta che ci si para davanti l'esercito di vetro delle bottiglie schierato di tutto punto? Ora, è vero che non se ne deve fare un principio inderogabile e che io stessa non ci tengo poi tanto, ma un pizzico d'etichetta ci vuole, per i vini poi in modo particolare. Perché sì, è così: un minimo d'abc sull'etichetta può tornare proprio utile. Fosse solo perché ad acquistare una bottiglia ci mettiamo giù dei bei soldini, talvolta anche tanti, e bisogna stare attenti. Bisogna avere la stessa attenzione delle mamme, come la mia, per esempio.

Ogni volta che al telefono le parlo tutta entusiasta di un capo che mi sono appena comprata, lei smorza un po' la mia esaltazione chiedendomi notizie sull'etichetta! E devo dire che tutti i torti non li ha, perché quando magari poi gliela descrivo con le indicazioni delle percentuali di quel capo, insieme al suo «L'hai pagato troppo, ti hanno fregato», anche se non lo vedo, avverto chiaramente al telefono il suo scuotere la testa e guardare verso l'alto.

Così, per non farsi ingannare, e non sentire la mamma rampognare anche sul vino quella volta che la invitate a cena e vostro marito vi guarda un po' storto perché proprio quella sera c'è la partita in tv (ma ditemi quando non c'è), due o tre cosucce sull'etichetta bisogna pur saperle.

Sulle etichette, tanto per iniziare, ci sono delle informazioni obbligatorie che non sono quelle che vi parlano della qualità del prodotto ma di un imbottigliamento avvenuto secondo le normative vigenti. Poi ci sono quelle facoltative, per lo più messe lì per spingerci all'acquisto. E sì, perché fra queste rientrano anche le note descrittive e gli abbinamenti, quelle cose che ci vorremmo sempre sentir dire, del tipo: «Hai scelto bene, se stasera pensavi di preparare del pesce». E, in questo, le aziende vinicole italiane si stanno dando molto da fare. Anche se veder scritto «vino adatto a secondi a base di pesce e antipasti» non è che dica granché. Pesce: quale e come? Antipasti: freddi o caldi?

Ma torniamo alla nostra bottiglia di vino. L'etichetta non è soltanto il suo soprabito, il manifesto visivo che ci consente di distinguerla fra le altre, ma è anche una basilare fonte di informazioni per il consumatore. Insomma: una vera e propria carta di identità, anche perché tutte le generalità contenute sono stabilite da norme nazionali assai precise.

Sono obbligatorie tutte quelle indicazioni che certificano il tipo, il produttore e la regione di appartenenza del vino. Importanti sono importanti ma non è che ci aiutino nella scelta di un vino fra tanti, visto che sono presenti su tutte le bottiglie in commercio. Ma quali sono? Ecco un piccolo schemino che può aiutare. Troviamo:

- la quantità di prodotto contenuta nella bottiglia espressa per lo più in millilitri e seguita dal simbolo ℮;
- il lotto di produzione, che identifica le bottiglie

prodotte in momenti e circostanze identiche, un codice formato generalmente da una sequenza alfanumerica preceduta dalla lettera L;

- i dati identificativi del produttore (cioè: nome o ragione sociale, sede, nazione solo se la bottiglia è destinata all'esportazione);
- il grado alcolico – e questa sì che è un'informazione decisiva, non bisogna esagerare in relazione alla cenetta – con una tolleranza di uno 0,5 per cento;
- l'indicazione della presenza di solfiti, obbligatoria dal 2005;
- la classificazione (vino DOC, DOCG, IGT, VSQ, VSAQ,...). Per i vini DOC e DOCG è obbligatorio indicare la regione. I vini DOC e DOCG indicano nel loro nome la zona da cui provengono (per esempio Chianti, Barolo, Barbaresco ecc.); per i vini IGT si richiede l'indicazione dell'area geografica (Chardonnay, Atesino, Glera dei Colli Trevigiani ecc.).

Ora, a questo punto, le cose possono complicarsi ma, con un po' di pazienza, provo a sciogliere gli acronimi di alcune sigle.

DOC *Denominazione di origine controllata*. Certifica la zona di origine e delimitata della raccolta delle uve utilizzate per il prodotto sul quale è apposto il marchio.

DOCG *Denominazione di origine controllata e ga-*

rantita. Riservata ai vini di particolare qualità e notorietà.

IGT *Indicazione geografica tipica*. Qualifica i vini prodotti in determinate regioni secondo un generico disciplinare di produzione, autorizzato.

VSQ e VSAQ *Vini Spumante (Aromatico) di Qualità*. Questa sigla identifica tutti gli spumanti la cui presa di spuma avviene in almeno un mese per i vini aromatici (VSAQ) come moscato, malvasia o brachetto, in sei mesi per i VSQ Charmat e in nove mesi per gli spumanti metodo classico (VSQ).

Lui: Cara, son qui, sto leggendo le indicazioni sulle etichette come mi hai detto di fare ... e poi?

Lei: Le trovi su tutte, sono obbligatorie, e se non le trovi semplicemente non acquistare quel vino. Da un po' di tempo a questa parte poi sempre più produttori aggiungono informazioni supplementari per darci un aiuto ...

Lui: E grazie tante ...

Lei: ... non ti spazientire, ti dicevo che ci danno un aiuto nella scelta di una bottiglia tra le centinaia presenti sugli scaffali dei negozi. Malgrado siano scritte con l'evidente scopo di orientarci, sono questi i dati che bisogna imparare a leggere bene per scegliere con più consapevolezza.

Il nome del vino: il valore informativo è pressoché nullo, ci aiuta solo a riconoscere una bottiglia tra le tante.

Il colore: alcune bottiglie molto scure non permettono di riconoscere il contenuto. Il colore è tra le prime cose che ci attraggono, che dobbiamo vedere per decidere e proprio per questo è comunque spesso descritto nella retroetichetta.

Gli zuccheri residui: secco o amabile. È un primo aiuto per un corretto abbinamento. Più è alta la dolcezza del vino e più sarà indicato per cibi dolci o agrodolci.

Consigli per l'abbinamento: si tratta di una delle indicazioni più delicate. I produttori tendono sempre a estendere il più possibile la gamma degli abbinamenti anche se certamente non ne indicheranno mai uno totalmente scorretto. Valutate con attenzione quelli suggeriti, cercando di escludere gli estremi (un po' come si fa per le votazioni dei tuffi alle olimpiadi!).

Le uve utilizzate e il metodo di vinificazione, invecchiamento e affinamento: per chi conosce le caratteristiche delle uve si tratta dell'unica informazione davvero rilevante, dalla quale si può capire cosa c'è veramente nella bottiglia. Ogni vitigno ha le proprie caratteristiche (sapori e aromi anche molto diversi), che possono essere modificate, ma non stravolte dal metodo di vinificazione. Importante è capire se il vino ha un passaggio in botti di legno e per quanto tempo, dato che tale procedura può modificare parecchio le sue caratteristiche: vini con prolungati affinamenti in legno mal si sposano a cibi molto delicati, mentre sono perfetti per piatti saporiti e strutturati.

L'annata: se indicata, si riferisce all'anno della vendemmia e significa che almeno l'85 per cento delle uve è stato raccolto nell'anno riportato in etichetta. Quest'indicazione può aiutarci a capire il grado di maturazione del vino e a valutarne la qualità (è noto a tutti, infatti, che alcune annate sono migliori delle altre).

Lei: ... Allora, ce l'hai questa bottiglia?
Lui: (*affranto ma soddisfatto*) Sì, ce l'ho. Che stress, arrivo subito.
Lei: Bravo tesoro, vieni a farti la doccia che al resto ci penso io!

Una volta acquistata la bottiglia giusta, dobbiamo conservarla per bene. Insomma: nella casa oggigiorno sempre più piccola e con spazi ridotti all'osso è necessario trovare il posto giusto dove sistemare la nostra preziosa compagna di una serata.

L'ideale sarebbe possedere un locale dalla temperatura costante tra i 10 e i 15 °C; con un grado di umidità fisso tra il 60 e il 70 per cento; senza luce diretta che filtri all'interno; pavimentazione di facile pulizia; un'illuminazione schermata e che non produca calore; che sia un luogo destinato esclusivamente al vino. Ecco, questi sono i punti fondamentali per poter conservare al meglio le preziose bottiglie. Pretendo troppo? Sì, avete ragione, quella che ho descritto è una vera e propria cantina.

Io per prima ho difficoltà nel mio appartamento romano a conservare i vini secondo questi criteri. Anche perché, considerando la «grandezza» della casa, se dovessi creare tutto ciò per i miei vini, che pure amo, penso che dovrei proprio dormire in macchina!

Vista l'improponibilità della cosa, per alloggiare al meglio le bottiglie posso suggerire, così su due piedi, qualche accorgimento. Derubrichiamoli allora alla voce «consigli casalinghi».

So bene che il primo posto dove tendiamo a conservare vini bianchi e spumante è il frigorifero. DIO MIO NO! Il tappo di sughero è traspirante ed è la valvola con la quale il vino continua a «comunicare» con l'ambiente esterno e quindi ad assorbirne anche gli odori. Non per fare la schizzinosa, ma se la bottiglia aperta sosta per periodi medio-lunghi nel frigo, lo farà in compagnia di affettati, formaggi, verdure e magari quei cibi cotti che mettiamo lì per consumarli il giorno dopo. Quindi si capisce l'importanza VITALE di non far sostare per troppi giorni il vino all'interno di quel sacrosantamente benedetto elettrodomestico che è il frigorifero.

Ma non tutti i vini bianchi sono uguali: se la bottiglia in questione è magari quella di un giovane vino bianco aromatico o semiaromatico, che in genere porta invece tappi di silicone o di vetro, il discorso cambia un po': con questi tappi la chiusura è veramente ermetica e quindi, in questo caso, si potrebbe conservare la bottiglia insieme ad altri alimenti. Eticamente non andrebbe mai fatto, ma praticamente lo si fa e io non ho mai avuto problemi di sorta!

Ora, per lo spumante il discorso è ancora diverso: MAI conservarlo in frigo. Ok, dobbiamo consumarlo e per questo portarlo a temperatura, e allora il frigorifero mi sta bene, ma, sia per gli spumanti sia per i vini, una volta aperti e lasciati sostare in frigo per qualche giorno spero per voi che da lì a breve vogliate fare delle scaloppine con quel vino, o magari un buon risotto o, perché no?, uno stracotto o delle ciambelline al vino e che proprio non pensiate di riversarlo nel bicchiere. Nel caso ne abbiate l'intenzione, non invitatemi!

Siamo allora rimasti con la bottiglia di bianco o di spumante in mano, aperta ma non consumata. Dove conservarla?

Il consiglio migliore è sempre quello di non sovraccaricarci di prodotto, se non abbiamo dei locali adatti. Ormai le enoteche e i negozi specializzati, al di là delle etichette proposte, si sono attrezzati con abbattitori (uno strumento che serve a portare a basse temperature vini bianchi e spumanti senza «stressarli» in tempi molto brevi) in modo tale che, già uscendo dal negozio, abbiamo la nostra bottiglia pronta da bere. Oppure con frigoriferi con un reparto dedicato e adatto alla conservazione dei vini, con le temperature idonee per ogni tipologia in maniera tale anche da fornire al consumatore un giusto servizio. Per *stress* va inteso quel repentino cambio di temperatura che può nuocere, anche gravemente, alla salute del vino.

Anche questi elettrodomestici stanno entrando sempre più nelle nostre case. Ne ho uno piccolino, proporzionato alla mia abitazione, comprato su internet tantissimi anni fa a un prezzo, quello sì, sproporzionato. Per fortuna oggi non è più così, se ne possono acquistare di molto validi tra i 250 e i 450 euro e non solo: ormai sono diventati anche da incasso, al pari di forno, lavastoviglie e tutto il resto del set per una cucina funzionale.

Ma se non possiamo averlo? Nel caso, per una corretta conservazione casalinga possiamo districarci con la logica sulle temperature dei nostri ambienti. Per esempio: sappiamo che il calore tende ad andare verso l'alto e allora, se abbiamo un mobile dove sistemarle, potremmo cominciare a riporre in basso le bottiglie di vino bianco giovane e con le bollicine, per poi salire con i bianchi strutturati, rosati, rossi giovani e rossi da invecchiamento. Ho sempre sostenuto questa tesi finché uno dei miei migliori amici mi ha fatto notare che nella sua nuova casa il riscaldamento è a pavimento e quindi il calore maggiore si concentra al di sotto di un metro e mezzo d'altezza. Che dite: proviamo a cambiare l'ordine della sistemazione e vediamo se il risultato non cambia? Certo, a questo punto non partiremo dal basso come con i classici mobili cantinola.

Altra cosa da non fare assolutamente è lasciare le bottiglie nel cartone oppure nelle scatole di legno. Il cartone di solito è quello pressato che rilascia molto pulviscolo e comunque emana un forte odore di carta; per il legno va ancora peggio, dal momento che, di solito, vengono usati legni molto giovani e freschi o comunque trattati con alcune colle che, seppure per alimenti, sempre colle restano. L'importante è che tiriate fuori le bottiglie da lì al più presto. Quando vedo nelle enoteche vini pregiati sistemati sempre negli stessi contenitori dopo anni e anni, mi vien male!

Ma torniamo alla cantina. Molti spacciano la cantina della loro casa come «cantina». Eh no, carini! Non ci siamo: il luogo in cui ogni sera mettete la vostra macchinina, il motorino del figlio, le bici del week-end, gli attrezzi del fai da te, l'attrezzatura da sub e il cambio di stagione (e spesso sono scarpe!) non può essere quello ideale per conservare in modo «ottimale» il vino!

Senza parlare poi di Luca Maria, 35 anni, dirigente, passione per le cose belle e curioso di tutto.

Una sera a cena con altri amici a casa sua, mi chiama da parte per farmi vedere la sua piccola ma preziosa collezione di vini. Credo che, nonostante tutti gli anni passati dal fattaccio, ricordi ancora quella mia espressione di stupore prima, orrore poi e infine disprezzo. Il «genio» aveva pensato bene di mettere le sue preziose bottiglie nel vano sotto il suo letto! Ma non è finita: alcune vere rarità di Champagne, Barolo, Brunello e grandi vini francesi giacevano inopinatamente in mezzo a delle consumatissime All Star che avevano visto tempi migliori, delle Church e qualche Clarks.

Immaginate la mia faccia? No, no, impossibile! E il tutto mentre lui cercava la mia approvazione per il fatto che «almeno» le aveva messe coricate!

Mi viene allora spontaneo un altro suggerimento: se pensate che mettere le bottiglie coricate possa bastare, quando poi intorno non si rispettano i parametri minimali di una cantina che ho elencato, non ci siamo. Allora in questi casi dico solo e semplicemente una cosa: APRITELE queste benedette bottiglie! «Non c'è nessuna ricorrenza speciale per aprirle» direte voi?! Be', vi svelo un segreto: NON SERVE! Ogni momento è buono, anche davanti a un piatto che ritenete semplice, per condividerle con l'amico di sempre, per esempio ... ecco, facciamo diventare tutto questo speciale. Con la bottiglia giusta la routine diventa qualcosa un po' fuori dal comune!

2

LE FORME DEL BERE

Bicchieri e bottiglie

Lei: (*dalla camera, rivestendosi per l'ennesima volta con l'ennesimo vestito*) È tutto a posto a tavola?

Lui: (*da sotto la doccia*) E che ne so! Sto finendo di prepararmi, io.

Lei: Come «che ne so»? Ma se lo dici anche tu ai tuoi clienti per convincerli: la cura dei particolari è tutto!

Lui: Ma che ne so ora, fai tu!

Lei: Ma come? Ci stiamo avvicinando al momento della serata tanto atteso e ogni minimo dettaglio può avere il suo peso e mi rispondi in questo modo. Anche gli accessori hanno il loro rilievo, lo sai. E se qualcuno di questi è fuori posto, o non è quello adatto, ogni sforzo fatto potrebbe essere inutile. Insomma, i particolari possono essere decisivi. Come dire: alle volte capita di vedere uomini spigliati e gioviali, distinti e ben vestiti ma poi basta, che so, un calzino sbagliato sotto un blazer blu – corto, bianco o addirittura *comics* – che anche se uno sta dicendo cose interessanti la mia attenzione continua a focalizzarsi inesorabilmente su quel particolare stonato. Anzi: ti ricordi di Fausto, il mio ex?

Lui: Non mi tirare ancora in ballo quello sborone da quattro soldi...

Lei: Ma no, è per dirti che portava solo abiti Brioni su misura ma poi immancabilmente i suoi calzini erano bucati! Capirai: anche se lo vedevo immacolato, tirato a lucido e di tutto punto, avevo in mente solo quella visione terrificante, insomma una fine annunciata!

Lui: Ma non è lo stesso per una donna con un rossetto sbagliato o sbavato? È qualcosa che proprio mi destabilizza, anche se su un viso bellissimo, interessante e con sotto il giusto abbigliamento. Vogliamo poi dire qualcosa sulla combinazione borse-scarpa? Come un uno-due da knock-out. Appunto: out, sei fuori da ogni coordinata. Di fronte a certe cose proprio non ce la posso fare!

Lei: Bravo, questi dettagli nell'abbigliamento sono frivoli solo in apparenza. Così anche con un vino: se abbiamo davanti una bottiglia di quelle raffinate e giuste per quel momento ma il bicchiere è quello sbagliato, ci penserei due volte prima di aprirla. Potrei compromettere il meraviglioso nettare da gustare! Allora: àrmati di pazienza, perché anche in questo caso esistono delle regole da seguire. I bicchieri sono uno degli elementi fondamentali per il corretto servizio delle bevande, un aspetto troppe volte sottovalutato in casa, ma anche in enoteche e bar che vanno per la maggiore. Ahi, ahi, ahi!

Lui ...

Lei: Però, se proprio vuoi, non chiamiamole regole ma forme da osservare, soprattutto se si parla di bicchieri. Lo sai, no? C'è una bella differenza tra funzione tecnica e funzione estetica.

La funzione tecnica è quella di esaltare le caratteristiche organolettiche del contenuto della bottiglia. Un vino servito nel bicchiere sbagliato, spesso non esprime, durante la degustazione, tutte le sue qualità.

La funzione estetica è quella di far risaltare l'aspetto del contenuto. Un bicchiere di vetro ordinario avrà un costo decisamente più basso rispetto a un bicchiere in cristallo di migliore fattura, ma quale sarà l'effetto nei confronti dei nostri amici (come dei nostri clienti)? Un giusto, e bel, bicchiere darà valore aggiunto alla consumazione.

Lei: Ma allora, sei uscito dalla doccia? Prendi tu i bicchieri?

Lui: Quali, quelli con lo stelo lungo o quegli altri?

Lei: Quelli giusti...

Lui: Già, quelli giusti... sembra facile!

Lei: Ma, caro, ce la puoi fare anche tu: i bicchieri da vino una volta avevano tutti lo stelo; le svariate forme e dimensioni permettono ai diversi tipi di vino bianchi o rossi, giovani o invecchiati, delicati o di grande struttura di esprimere al meglio la loro fragranza. Ricordi quando insegnavo ai corsi dell'AIS, l'Associazione Italiana Sommelier, e ti raccontavo di come arrivavano uomini e donne con vagonate di profumo addosso. Ma allora? Il vino? Vi interessa o no? Dopo ho capito che si iscrivevano soprattutto per rimorchiare! Il vino era un pretesto! Così, per la degustazione tecnica, il bicchiere deve avere per forza lo stelo, altrimenti quei profumi che ci portiamo appresso appesterebbero il vino servito. Le nostre mani, attraverso il vetro, possono trasportare altri odori, ombrare il bicchiere per la valutazione visiva e così via.

Lui: Guarda che siamo a casa nostra, almeno stasera.

Lei: Giusto. Infatti, oggi invece troviamo molti bicchieri da vino senza stelo, sempre di cristallo, forgiati soprattutto per il mercato americano e il nord Europa dove «praticità» è la PAROLA D'ORDINE, dove chi ama degustare il buon vino il bicchiere giusto lo vuole portare a tavola ma soprattutto lo vuole poi mettere in lavastoviglie! E poi, se proprio vuoi...

Lui: Vorrei che ci sbrigassimo...

Lei: Non capisci niente: ti dicevo che possiamo anche trovare meravigliosi bicchieri colorati, di cristallo forgiati a mano, i classici di Murano che ricordano il periodo austroungarico con intarsi e sfaccettature alle volte colorate, o quello prussiano, spesso scuri con bordature oro a dir poco emozionanti. Ma ancora:

spendendo sicuramente molto meno anche queste nuove catene mondiali che creano oggetti per la casa offrono bicchieri colorati e divertenti a prezzi sicuramente molto accessibili!

Lui: Hai finito? Vabbè, ma se si usa lo stelo un motivo ci sarà. Tu che pensi tanto al dettaglio dei calzini bianchi.

Lei: Ok, ok, è vero. Dico solo che non capisco proprio quei fanatici del vino che scartano a priori questi bicchieri. Ma perché, dico io, essere così fondamentalisti? In fondo per lo più beviamo a tavola insieme ad amici, in situazioni piacevoli e conviviali. E poi... un vino si beve anche con gli occhi!

Bicchieri per vini spumanti secchi, aromatici e dolci

La flûte, per gli spumanti secchi: ha la forma stretta e allungata perché deve trattenere il più a lungo possibile le bollicine che, partendo dal fondo del bicchiere, attraversano tutto il liquido.

La coppa, per i vini spumanti dolci (detta anche coppa Asti): ha una forma allargata perché questi vini, essendo ad alto contenuto zuccherino e con molta effervescenza e intensi profumi, devono sprigionare i propri aromi con sveltezza per un'immediata percezione olfattiva.

Posso confessarvi una cosa? Sinceramente, aprire un grande Champagne, un metodo classico italiano o un intrigante Cartizze di Valdobbiadene, per poi versarlo in una flûte a me sembra veramente RIDUTTIVO! Soprattutto perché ora anche il mercato sta capendo che questi vini non sono relegati solo all'aperitivo o al brindisi, ma sono fantastici a TUTTO PASTO!!! (A casa mia una cena bollicine e formaggi è un must!) Allora occorre una flûte più ampia, che riprenda il suo disegno originale ma con lo stelo più alto e la pancia più capiente!

Per la coppa da Moscato (le nostre bollicine più famose nel mondo, conosciamo tutti l'Asti Spumante, no?) ci vuole una bella apertura molto ampia del bevante (lì, dove poggi le labbra per bere, per intendersi) e la coppa deve essere poco profonda, questo perché sono profumi molto dolci di floreale e fruttato che pervadono il nostro naso e devono avere spazio per venir fuori. E io oggi li trovo così deliziosamente déco questi bicchieri che ormai li posso usare anche in cucina per presentare un antipasto a base di scampi o metterci dentro il mio meraviglioso tiramisù (l'unico dolce che so realizzare, e visto che è l'unico ho concentrato lì tutto il mio sapere di pasticceria!).

Lei: Cosa stai facendo?
Lui: Sto disponendo i bicchieri!
Lei: Stai attento a quelli piccoli, lasciali nella vetrinetta, sono per il dopocena!

Lui: Sì, signora sommelier!

Lei: E poi, apri per tempo la bottiglia di rosso. Caro, mi sa che ti ho detto troppe cose e tutte insieme ...

Lui: Per carità...

Lei: Posso riassumerti tutto in poche parole?

Lui: Certo, tesoro, sei così sexy quando mi fai la lezioncina...

Lei: Allora: la forma del bicchiere condiziona la percezione sensoriale del vino; l'imboccatura più stretta è adatta a vini con pochi, tenui profumi; i vini con una maggiore complessità olfattiva richiedono bicchieri dall'imboccatura più larga; il bicchiere più panciuto si addice ai vini di lungo invecchiamento, quello meno panciuto si utilizza per vini giovani, dell'ultima vendemmia o privi di particolare complessità.

Bicchieri per i distillati

Volevo ricordare un modello che non dovrebbe mancare mai nella nostra casa (anche solo una coppia!), il cosiddetto «bicchierino della staffa». Siamo noi italiani a realizzare un prodotto unico al mondo, che tutti ci invidiano: la grappa. E dove la beviamo? Prendo un bicchierino dalla forma particolare (a tulipano) con un breve stelo che consente, in degustazione olfattiva, di racchiudere gli aromi volatili nella parte più stretta del bicchiere e cederli gradatamente al naso. E va bene anche per gli altri distillati giovani come kirsch o framboise.

La bottiglia

Il contenitore per eccellenza oggi usato per il vino ha una storia lunga e ricca di curiosità. Le bottiglie sono di diverse forme e misure e con nomi non molto semplici da ricordare ma sicuramente molto divertenti! Al termine della vinificazione, il lavoro del produttore, la bravura e l'abilità dell'enologo, l'anima e il calore delle terre da cui proviene un'uva, si materializzano nel vino che viene sigillato in un contenitore di vetro e affidato al suo destino. Come un messaggio racchiuso in una bottiglia in un oceano.

Spesso intraprende un viaggio verso mete lontane dai luoghi di provenienza e, quando giunge a destinazione, viene riposto nella speranza che il tempo lo migliori e lo renda ancora più nobile.

Le prime bottiglie di vetro avevano forme molto diverse rispetto a quelle attualmente in uso. Erano per lo più basse, larghe e tozze, «cipolle» o «vesciche» venivano dette, perché ancora non si considerava la possibilità di conservare il vino mantenendo coricata la bottiglia. I colli, corti e conici, non favorivano neppure la mescita, e la trasparenza del vetro di quei tempi non era perfetta: spesso si notavano impurità e colori «verdastri» più o meno intensi che, inconsapevolmente, risultavano benefici alla conservazione del vino e lo proteggevano dall'azione della luce solare.

Con il tempo, le forme delle bottiglie hanno subito dei cambiamenti, diventando sempre più slanciate e strette. Allora possono stare coricate! Fattore fondamentale per la conservazione: nella bottiglia messa così, il vino si conserva più a lungo e soprattutto migliorano gusto e aroma. Mantenerla coricata poi significa anche mantenere bagnato il sughero, quindi prevenire il suo restringimento e la conseguente ossidazione del vino. Sia sempre benedetta l'idea!

Formati e volumi

La forma delle bottiglie si è evoluta anche in base alle tradizioni e alle usanze dei popoli che le producevano così che, nonostante siano ampiamente diffuse in tutto il mondo, portano ancora il nome della zona di provenienza.

Le attuali, con poche esclusioni per certi vini tradizionali, sono alte e slanciate e vengono comunque modellate in modo da conferire quelle particolari caratteristiche fisiche adatte sia allo stoccaggio che al servizio e alla mescita del vino. Ogni bottiglia è composta dalle seguenti parti: base, corpo, spalla e collo.

La base, oltre ad avere l'evidente funzione di consentire alla bottiglia di rimanere in posizione verticale, è per lo più modellata con una rientranza concava al fondo, caratteristica che però non è presente in tutti i tipi di bottiglia. Il motivo di questa lavorazione ha radici nella storia ed essa è ancora oggi presente in molti modelli perché svolge un'utile funzione nei vini che hanno prodotto sedimenti. Per effetto della sua forma, infatti, quando la bottiglia viene mantenuta in posizione verticale i sedimenti si depositeranno nella base, disponendosi lungo l'anello della rientranza. La concentrazione dei sedimenti in una zona così ristretta faciliterà la decantazione del vino evitando ai sedimenti di tornare in sospensione e quindi rovinare l'aspetto del vino.

Il corpo, che costituisce la parte più estesa della bottiglia, va dalla base fino alla spalla, quella parte che si restringe in modo più o meno accentuato andando poi a formare il collo.

La spalla di una bottiglia svolge una funzione molto importante sia per la mescita sia per l'eventuale decantazione. Spalle accentuate, come per esempio quelle della bottiglia Bordolese, costituiscono un'efficace barriera per gli eventuali sedimenti prodotti dall'invecchiamento. Durante il travaso del vino in un bicchiere o in una caraffa, i depositi verranno trattenuti dalle spalle consentendo quindi un migliore controllo delle operazioni di travaso. Per questa ragione, i vini che tendono a produrre sedimenti più o meno abbondanti, vengono imbottigliati in recipienti dalle spalle accentuate, mentre i vini bianchi, che in genere non producono sedimenti, e quei vini rossi che ne producono una quantità ridotta, vengono riversati in bottiglie con spalle slanciate o addirittura senza spalle, come la

Borgognona, usata solo per i rossi, o il Flauto, esclusivamente per i vini bianchi.

Il collo è la parte stretta della bottiglia sulla quale si trova l'apertura che consente la mescita del vino. In prossimità dell'apertura, si trova un anello sporgente detto «cercine» che veniva utilizzato per ancorare il tappo alla bottiglia mediante corde o fili di metallo, o per consentire una migliore presa della ceralacca o della pece, talvolta utilizzate per sigillare le bottiglie. La funzione essenziale del cercine può essere ancora osservata in tutte le bottiglie di spumante: le gabbiette di metallo, che trattengono il tappo contrastando la forza della pressione interna, sono saldamente ancorate proprio a questo robusto anello di vetro.

La forma delle bottiglie deriva principalmente dalle tradizioni dei luoghi dove queste venivano prodotte e alcune sono oggi diffuse in tutto il mondo. L'elenco seguente riporta le bottiglie più utilizzate per l'imbottigliamento dei vini oltre ad alcune strettamente legate a particolari vini prodotti in determinate zone.

Bordolese (origine zona di Bordeaux). Questa bottiglia ha una forma cilindrica, spalle molto accentuate e un collo corto, ed è tra le bottiglie più utilizzate al mondo per l'imbottigliamento dei vini sia bianchi sia rossi. Può essere incolore per i vini bianchi, soprattutto nella zona di Bordeaux, mentre è di colore verde e marrone per i vini rossi e spesso anche per i vini bianchi.

Borgognona (origine Borgogna). Ha forma cilindrica, spalle slanciate e collo lungo, è molto utilizzata nel mondo prevalentemente per i vini bianchi. In Borgogna è indifferentemente utilizzata sia per i vini bianchi sia per quelli rossi.

Flauto o *Renana* o *Alsaziana* (origine della zona del Reno e dell'Alsazia). La forma slanciata, senza spalle e senza rientranza sulla base, suggerisce l'uso per quei vini, bianchi in particolare, che non lasciano deposito e che vanno consumati in breve tempo.

Champagnotta (origine della zona della Champagne). È utilizzata in tutto il mondo per i vini spumanti. La forma è molto simile alla bottiglia Borgognona, tuttavia la Champagnotta è di vetro più spesso e ha un cercine molto sporgente per consentire un sicuro ancoraggio della gabbietta.

Albeisa (origine nella zona di Alba in Piemonte). Tradizionalmente utilizzata per l'imbottigliamento dei vini sia bianchi sia rossi della provincia di Cuneo, ha forma cilindrica, spalle slanciate e collo lungo e la sua forma ricorda quella della Borgognona.

Marsalese (origine della zona di Marsala). Ha forma cilindrica, spalle pronunciate e collo leggermente rigonfiato. Viene utilizzata per l'imbottigliamento del celebre vino fortificato che porta lo stesso nome della città di origine.

Porto (origine, Portogallo). Utilizzata per l'imbottigliamento del vino Porto, bottiglie di forma molto simile a questa vengono utilizzate anche per i celebri vini di Jerez (Sherry) e Madeira. La sua forma è cilindrica, non molto alta, e con spalle piuttosto pronunciate.

Ungherese (origine Ungheria). Questa bottiglia, di forma cilindrica e vetro incolore, è utilizzata per l'imbottigliamento del Tokaji Aszú. Ha una capacità di mezzo litro.

Bocksbeutel (origine Franconia). Sorta di fiasca schiacciata, utilizzata per l'imbottigliamento di qualunque vino della zona di origine.

Volume	Vini fermi	Spumanti
0,187 l (1/4 bottiglia)	quarto o split	quarto o split
0,375 l (1/2 bottiglia)	mezza o demi	mezza o demi
0,75 l (1 bottiglia)	normale	normale
1,5 l (2 bottiglie)	magnum	magnum
2,25 l (3 bottiglie)	Marie-Jeanne	–
3 l (4 bottiglie)	doppio magnum	Jéroboam
4,5 l (6 bottiglie)	–	Réhoboam*
5 l	Jéroboam	–
6 l (8 bottiglie)	Impériale	Mathusalem
9 l (12 bottiglie)	–	Salmanazar
12 l (16 bottiglie)	–	Balthazar
15 l (20 bottiglie)	–	Nabuchodonosor

*Il Réhoboam non è più utilizzato.

Il volume base di una bottiglia da vino oggi è di 0,75 litri e costituisce una sorta di unità di misura. Le dimensioni e i volumi delle bottiglie variano in genere conformemente a questa capacità. Le varie dimensioni delle bottiglie vengono identificate con nomi specifici piuttosto che con la misura della loro capacità. La tabella riporta i nomi e i volumi dei vari formati di bottiglia attualmente in uso sia per i vini fermi sia per lo Champagne e gli spumanti.

Lei: Lo sai, caro, che ci sono bottiglie maschio e bottiglie femmine?

Lui: Ah, sì... (*con finto interesse perché alle prese con i bicchieri*)

Lei: La Bordolese è maschio, la Borgognotta è femmina. Sai, ha quel collo allungato come le donne di Modì e il corpo allargato come cedevoli fianchi femminei.

Lui: Allora potrebbero esserci anche vini maschi.

Lei: Vedo che ci stai prendendo gusto. Be', maschi sono quelli che si esprimono soprattutto nella loro potenza come Merlot, Cabernet Sauvignon e Cabernet Franc; femmine quelli più morbidi come lo Chardonnay e il Pinot Nero.

Lui: Maschi potenti e femmine morbide... qualcosa da ridire ce l'avrei...

3

CONSERVAZIONE DEL VINO

Lei: Non appena hai finito con i bicchieri e con la tavola verresti qui da me in cucina a darmi una mano con le bottiglie?

Lui: Sì, aspetta un attimo che ci sono quasi.

Lei: (*come se lui fosse in cucina*) Perché anche verso le bottiglie esistono delle regole di galateo, cosa pensi?

Lui: (*affacciandosi alla porta della cucina*) Penso che siamo in ritardo!

Lei: Ma soffrono agli sbalzi di temperatura...

La bottiglia appena arrivata in casa non andrebbe consumata subito, perché sicuramente sballottata, anche se per poco, nel trasporto. I sobbalzi ricevuti agitano le molecole e il vino in questo caso si comporta un po' come ognuno di noi: se siamo in agitazione, non rendiamo al meglio.

Una volta a casa, il vino deve riposare, anche se non proprio come ho visto su una rivista francese di settore dove la bottiglia è stata disegnata sotto le coperte. Di solito 72 ore sono sufficienti, indifferentemente che si tratti di bianco o rosso. Per le bollicine ci vuole almeno un giorno in più perché le molecole sono ancora più movimentate. A stapparla subito, il rischio è che tutta quella parte che deve dare la sensazione maggiore, appunto le bollicine, si perda. Come con le lattine di bibite gasate, si rischia una bevuta sfiatata.

La bottiglia, una volta tranquillizzata e ambientata a casa, può garantire il meglio di sé.

Lui: Apriamo o no queste bottiglie? Che dici?

Lei: Calmati, tesoro, mica è come dirlo. Le apriamo? Bene, ma hai controllato le due cose fondamentali: la temperatura, ce n'è una ideale per ogni vino, e quanto manca alla cena? C'è un tempo d'apertura che varia da bottiglia a bottiglia.

Lui: (*quasi senza ascoltarla*) Ti prendo il decanter?

Lei: Per i fiori?

Lui: ???

Lei: Scherzo, volevo solo dirti che del decanter se ne fa un uso spropositato e gli va data la giusta considerazione.

Lui: Allora si stappa?

Lei: Ogni cosa a suo tempo.

Per la buona conservazione del vino un tappo di qualità ha il suo rilievo. Rispetto a quelli tradizionali in sughero, oggi ne troviamo di silicone e vetro.

I primi, al loro apparire, hanno scandalizzato tantissimo, soprattutto noi italiani e francesi, che siamo i maggiori cultori del vino nel mondo. Ci siamo sentiti come violati. Bisogna però sempre avere presente che il sughero è una risorsa in via di esaurimento, soprattutto quello di qualità. Per cui, poiché non è che il vino una volta imbottigliato non viva più, per quello da invecchiamento, quello che prosegue una sua evoluzione anche in bottiglia, si deve necessariamente ricorrere al tappo di sughero.

Nel caso, il tappo giusto è costituito da un pezzo unico, non assemblato e ancor meno truciolato con colle naturali, che sempre colle sono. Questi ultimi hanno meno elasticità e si nota quando apriamo una bottiglia. «Ah, che bel sughero» può scappare di dire e non ci si riferisce all'oggetto ma al tappo in sé, alla sua conformazione con corpo unico. Quelli assemblati a rondelle o quelli truciolati si sfibrano e se non siamo capaci di estrarli a regola d'arte rischiamo cadute di sughero nel vino.

Lui: Non è che poi Giacomo, quando si siede a tavola, vorrà annusare il tappo come fa al ristorante? Mena il torrone per ore con quel bicchiere a mezz'aria, odora, assaggia per dire «questo vino sa di tappo». No, perché per farlo ce ne vuole di naso. E non eri tu a dirmi che riuscire a cogliere quali sono le sensazioni di tappo è difficile anche perché il sughero, essendo naturale, è soggetto a deterioramento? Ma poi, scusa, vale la pena davvero usare il sughero? Così un grande vino rischia sempre di rovinarsi.

Lei: Ma il produttore deve anche metterlo in conto. In fondo, avendo il tappo costi elevati, fino a un euro o poco più, lo cercherà di qualità per un vino di pregio. Quelle bottiglie da almeno trenta euro, se non di più, vedrai che hanno il tappo di sughero.

Lui: (*con un certo tono*) Ma in questo caso è giusto, perché quella bottiglia ha del vino in corpo che può stare anche qualche anno e si capisce che, se non ha un grande tappo, non si mantiene di sicuro. E (*pensando malignamente a qualche amico*) c'è gente che si conserva anche peggio di qualche bottiglia di annata.

I vini medi e giovani, quelli che si devono consumare entro l'annata seguente la vendemmia, quelli detti pronti, non hanno più bisogno di un grande scambio con l'esterno perché sono già formati. Ecco che nascono i più economici tappi al silicone. All'inizio avevano colori decisamente forti: fucsia, verde, giallo, ed era quello a disturbare non poco. Ma si sa: l'ambiente degli enologi e dintorni è un bel po' tradizionalista. Nel mondo del vino è come se si fosse rimasti alla messa in latino, son pochi quelli che provano a tenere insieme tradizione e innovazione.

Ben venga allora una spinta al rinnovamento senza spostarsi dalle origini: vetro riciclato, etichette compatibili, più piccole, e rispetto dei tappi. Sughero dove serve e silicone o vetro in altri casi. Ora che i siliconi hanno abbandonato quei colori improbabili, su un Chiaretto di Bardolino o un Cerasuolo di Montepulciano possiamo pensare a un silicone in fucsia. Piace. Chiaro che ci sono colori che non stanno bene, come il blu: ma è così anche nell'alimentare. Il blu in natura non è commestibile. Si gioca su altri colori che possono richiamare il mondo dei vini. Negli altri paesi il tappo di silicone non ha avuto un impatto così negativo, ma forse perché lì non hanno una grande tradizione alle spalle come la nostra.

Venendo al tappo di vetro, lo trovo bellissimo: elegante e riciclabile, possiamo usarlo per chiudere altre bottiglie, un gadget della bottiglia che ho aperto che poi rimane. Anche per questo materiale il costo incide, quasi quanto il sughero. Per la sua trasparenza mi dà sempre la sensazione di un materiale sano e asettico. Non dobbiamo mai dimenticare di dare una mano al pianeta e poter riciclare è fondamentale. Si può usare il tappo di vetro per vini giovani, dall'anno dopo a due anni dopo la vendemmia.

Poi, però, non dobbiamo dimenticare un altro tipo di tappo, quello che per noi è stato sempre associato a un prodotto scadente, di basso profilo: il vino da tavola, ora IGT. Fatto di alluminio, per i vini giovani è una grandissima soluzione di qualità. Ideale per quelle bottiglie da portare tutti i giorni sulla tavola, il tappo vite è pratico, veloce e lo è anche per le aziende, che possono imbottigliare con tempi rapidi e conseguente produttività e calo dei costi. Una volta che ho bevuto, lo ripongo tranquillamente, non è mica satana. In tutto il mondo, poi, ho assaggiato vini meravigliosi, Sauvignon e Merlot australiani e vini Hermitage perfino in Sudafrica, ed erano qualcosa di eccezionale: a tavola rigorosamente con tappo vite.

Inizialmente ho storto il naso anch'io ma questo è un sistema interessante: catene di imbottigliamento più veloci, praticità e immediatezza, adatto anche per chi non sa aprire una bottiglia.

Lui: Qui c'è scritto "contiene solfiti". Ma cosa sono?
Lei: Tranquillo. Il solfito è un additivo il cui uso è concesso in enologia. Ha un'azione antisettica sia per le uve sia per le attrezzature, e viene usato nei vasi vinari.

Bag in box

Metodo nuovo, veloce e pratico: scatolette di cartone, con il maniglietto, tre o cinque litri...

- Il *bag in box* è adatto per vino, olio, succhi, latte, panna, uova, alcolici, salse, concentrati per bevande (*post mix*), sciroppi, detersivi, zuppe;
- il riempimento del *bag in box* si può fare sia manualmente sia con le macchine riempitrici;
- il *bag in box* sostituisce bottiglie, damigiane, dame, brik, pet, lattine;
- il *bag in box* protegge dall'aria (l'aria non entra mai a contatto con il prodotto poiché la chiusura del rubinetto è sigillata e la sacca si svuota man mano che si consuma il liquido), luce, scambi termici e agenti esterni;
- il *bag in box* è economico, pratico, leggero, robusto, refrigerabile, infrangibile, igienico, sovrapponibile ed ecologico.

Geniale, in poche parole, per praticità e ingombri, dai 3 ai 20 litri.

Lei: Ehi, stai attento, questa bottiglia è troppo fredda. Guarda qua! (*E gli mostra un termometro da vino.*)
Lui: Fredda?
Lei: Eh, sì. Mica è come dirlo: ogni vino ha la sua temperatura ideale, lo sanno anche i muri di casa!

Temperature dei vini

La temperatura di un vino è un dato fondamentale, che consente di apprezzare le sue qualità in modo appropriato. Di seguito e nella tabella riassumiamo le temperature necessarie per le varie tipologie di vini. Vale la pena ricordare che la cosiddetta *temperatura ambiente* per i vini non si può prendere in considerazione, i locali di consumo sono assolutamente al di sopra dei 20-22 °C.

La temperatura incide sulla percezione di alcuni sentori, in particolare il freddo accentua gli aromi semplici mentre una temperatura più elevata favorisce la percezione di quelli più complessi.

Vini bianchi. Sono in genere più acidi dei vini rossi e, rispetto a questi, sono poveri o quasi del tutto privi di tannini e quindi la sensazione di astringenza sarà molto bassa, praticamente nulla. La temperatura preferenziale per questi vini varia in genere fra i 10 e i 14 °C. Servire un vino bianco a una temperatura più elevata significa esaltare i suoi caratteri «dolci» a scapito dell'acidità e della sapidità che, invece, sono considerate caratteristiche gradevoli e desiderate in questo tipo di vino.

Vini rosati. Il servizio dei vini rosati segue, in genere, le stesse regole dei vini bianchi. Tuttavia è necessario considerare una loro eventuale tannicità e servirli quindi a una temperatura più alta. Vini rosati giovani e freschi, tannicità permettendo, si servono fra i 10 e i 12 °C, mentre quelli più robusti e di corpo, compresi quelli più maturi, si possono servire fra i 12 e i 14 °C.

Vini rossi. La temperatura di servizio dei vini

rossi dipende da molti fattori, ma vista la loro natura «tannica» e meno acida dei bianchi, solitamente vengono serviti a temperature più alte. Vini rossi giovani poco tannici si servono fra i 14 e i 16 °C, mentre per quelli più corposi e tannici si può arrivare anche a 18. I vini affinati per anni in bottiglia, di corpo e ancora tannici, possono essere serviti a 18 °C, eccezionalmente a 20. I vini rossi giovani poco tannici e poco strutturati, possono anche essere serviti fra i 12 e i 14 °C senza risultare astringenti e rimanere senz'altro piacevoli. Questa regola è senz'altro vera per i vini «novelli» che, grazie alla loro particolare tecnica di vinificazione, sono poveri in tannini e si possono servire più freddi rispetto agli altri vini rossi, risultando comunque gradevoli.

Vini spumanti. Considerando la notevole quantità di tipologie di spumanti esistenti, stabilire una regola valida per tutte avrebbe poco senso. Gli spumanti bianchi, dolci e aromatici, come per esempio l'Asti Spumante, vanno serviti a una temperatura di 8 °C; grazie alla loro aromaticità, possono infatti sopportare basse temperature. Gli spumanti dolci rossi, come per esempio il Brachetto d'Acqui, possono essere serviti a temperature comprese fra i 10 e i 12 °C; anche in questo caso gli spumanti più aromatici sopportano temperature più basse, fino a 8 °C, mentre per quelli un po' più tannici sarà necessario aumentare la temperatura anche fino a 14 °C. Gli spumanti secchi, ottenuti con il metodo Charmat, come il Prosecco di Valdobbiadene e Conegliano, possono essere serviti a temperature comprese fra gli 8 e i 10 °C. Una considerazione particolare va fatta per gli spumanti «metodo classico», o *méthode champenoise,* come si diceva una volta, per esempio il Franciacorta. In genere questi vengono serviti a temperature comprese fra gli 8 e i 10 °C.

Vini passiti e liquorosi. La caratteristica comune a questi vini è, in genere, l'alta percentuale di alcol e, per lo più, sono entrambi dolci. Tuttavia esistono vini liquorosi secchi, come per esempio certe tipologie di Marsala e gli Jerez Fino, che contengono una quantità di zuccheri tale da non essere percepita al gusto. Per questi la temperatura di servizio va stabilita in funzione degli aspetti che si intendono valorizzare. Se si preferisce accentuarne le caratteristiche dolci e la complessità dei profumi, sarà bene servirli a una temperatura alta, fra i 14 e i 18 °C, ricordandosi in questo caso che sarà anche l'alcol a essere esaltato. Se si intende favorire la loro freschezza, o nel caso di vini molto dolci in cui si preferisce mitigare questo aspetto, sarà necessario servirli a una temperatura più bassa compresa fra i 10 e i 14 °C. I vini liquorosi secchi, freschi e giovani possono essere serviti anche a temperature più fredde e inferiori ai 10 °C: in questo modo la percezione dell'alcol sarà notevolmente ridotta; tuttavia è necessario ricordare che più è bassa la temperatura e minore risulterà lo sviluppo degli aromi. La piacevolezza e la complessità dei profumi tipica di questi vini sono caratteristiche gradite e servirli molto freddi significa anche sacrificarli un po' troppo.

Vino	**Temperatura**
Bianchi giovani	10-12 °C
Bianchi maturi	12-14 °C
Rosati giovani e leggeri	10-12 °C
Rosati maturi e corposi	12-14 °C
Rossi novelli	10-14 °C
Rossi giovani, poco tannici e leggeri	14-16 °C
Rossi maturi, tannici e corposi	16-18 °C
Rossi molto maturi e affinati	18 °C (20 °C)
Spumanti dolci e aromatici	8 °C
Spumanti rossi dolci e aromatici	10-12 °C
Spumanti «metodo Charmat»	8-10 °C
Spumanti «metodo Charmat lungo»	10-12 °C
Spumanti «metodo classico senza anno»	8-10 °C
Spumanti «metodo classico millesimati»	10-12 °C
Passiti e Vini Dolci	10-18 °C
Fortificati o Liquorosi	10-18 °C

4

COME SI SERVE IL VINO

Lei: Prendi quello giusto, mi raccomando.

Lui: Quale giusto, scusa?

Lei: Il solito.

Lui: (*più seccato*) Ma quale solito?

Lei: Ma dai, quello a temperino e non quello a omino che ha un sacco di difetti, come tutti gli omini.

Lui: Spiritosa! Faccio io, però.

Lei: (*con espressione di leggera sfida*) Come vuoi.

Lui: Eccomi (*agitando il cavatappi appena estratto dal cassetto*). Coltellino, faccio due incisioni: una va da sinistra a destra, prendo metà della capsula e poi giro l'impugnatura. La lama voilà... cambia verso ma vado sempre da sinistra a destra. M'aiuto con il pollice per completare l'operazione (*rispondendo alla sfida*) come un sommelier...

Lei: Appunto!

Lui: ...fatte le incisioni, ne traccio una che le collega in verticale e così dovrei cavarla via. Ma non mi viene! Faccio finta di niente: converso amabilmente d'altro, ripeto e insisto sull'operazione fino a toglierla questa benedetta capsula! Eccoci: mi passi un tovagliolo?

Lei: Eccolo... non lo userai per asciugarti la fronte, spero!

Un tovagliolo a portata di mano bisogna sempre averlo per pulire il vetro, soprattutto con bottiglie un po' vecchie, da muffe minime formatesi tra capsula e sughero. Rimesso a posto il coltellino, si estrae il verme, la parte a spirale che cava il tappo. La sua parte finale, a uncino, va messa appena un po' in orizzontale per agganciare il tappo, come si fa con le freccette: perfettamente al centro. Dalla pressione s'intuisce quanto sughero bisogna ancora trapassare e, con l'esperienza, si arriva a comprendere quanti giri vanno compiuti per arrivare in fondo.

I cavatappi sono dotati di un doppio dente d'appoggio per l'estrazione del tappo. Iniziando a puntare il dente più alto sul bordo di vetro accanto al tappo possiamo saggiare se siamo giunti al punto esatto d'estrazione. In questo modo si può ovviare all'errore di forare il tappo. Cosa che invece il cavatappi a omino non ti permette perché va avanti a lungo, con quel suo verme normalmente più lungo e meno attorcigliato che rischia anche di polverizzare il sughero.

Lei: Attento! Non devi mai, mai togliere il tappo con le mani: prendi il tovagliolo, tieni il tappo fermo e gira il cavatappi... Bravo, così: poi, aperta la bottiglia, il tovagliolo ti può servire per pulire il collo della bottiglia e per prendere il tappo. Mettilo in quel grande vaso all'ingresso, mi piace rivederli e ricordare tutto il patrimonio di vini assaggiati.

Lui: Lo vedo già il nostro Giacomo: sarebbe capace di odorare il tappo, anche quello di silicone o quello di vetro. Ridicolo se lo fa, ma l'ho visto. «Ah, senti qua.» «Ma senti che? Sul silicone?»

Il vino va servito così

Ne va messo poco nel bicchiere, per un primo riscontro, e non dico «assaggio» di proposito, del padrone di casa e di chi quel vino l'ha portato. Dato il consenso, si versa sempre nel bicchiere più a sinistra del seduto. Dicevo «riscontro» e non «assaggio» o «degustazione» perché quello che dobbiamo avvertire inizialmente è solo se questo vino sa di tappo oppure no, niente di più.

Ora, quelli che stanno due ore, dopo aver avuto quel dito di vino, e ti stanno a guardare, faccio fatica a capirli. Per cogliere veramente l'evoluzione dei profumi, per avvertire come cambia il vino, c'è tutta la serata. Perché ogni vino, anche nel bicchiere, è in continua evoluzione e questo non solo nei vini più complessi, ma anche in un Traminer o un Müller Thurgau o un Sauvignon: anche quelli si evolvono, passando da un fruttato a un mielato. Ci sono evoluzioni progressive in serie: impossibile riferire in quel minuto e mezzo di «travaglio» tutto il degustabile.

Lui: (*uscendo dalla cucina*) Questa la metto qui, vicino a me. Casomai, cara, quella che ci portano, a meno che non ci dicano: «Questa è una bottiglia che poi te la berrai tu», la metterei vicino a te. Cosa dici?

Lei: Ma va bene, tranquillo! Che dirti? Speriamo solo che si combini bene. Poi ci devi pensare tu.

Lui: Lo so, almeno questo lo so: si prova sempre piacere a condividere una bottiglia ma ne sono io il dispensiere. «Ne vuoi ancora un po' caro?», «Ma, Elena, hai il bicchiere mezzo vuoto e questo vestito ti dona» (*pensando di non essere sentito*).

Lei: Guarda che sono ancora qua, viva e con le orecchie aperte! Bada bene a non versare vino di bottiglie diverse anche se sono della medesima tipologia.

Lui: Non sono ancora ubriaco.

Lei: Ah, mi pareva. Da quando hai saputo che Elena sarebbe venuta ti è partito un friccicorino.

Lui: «Cara, versi tu da bere a loro che sono vicini a te?» (*impugnando la bottiglia appena messa a tavola per vincere l'imbarazzo*). Va bene così, a metà del corpo: impugnatura decisa, etichetta verso chi stiamo servendo. La visione dell'etichetta, soprattutto al ristorante, è importante e, anzi, si potrebbe anche voler vedere la retroetichetta, dove ci sono tante indicazioni utili. Mi porti la glacette?

Trucchi per una cena last minute

Decidi all'ultima ora una cena e devi far scendere alla temperatura giusta il tuo vino bianco perché sbagliare la temperatura potrebbe voler dire anche perdere quel vino? Non sia mai poi portare in tavola delle bollicine calde: è come mettere un tubo in bocca e dar aria. La sensazione è quella dell'ingombro.

Se vogliamo risolvere la situazione nella maniera più veloce, non mettiamo la bottiglia nel freezer, che in genere è il primo pensiero, l'ammazzeremmo quella povera bottiglia che non deve subire uno choc termico così spinto. Ma, allora, come facciamo a servirla alla temperatura più giusta? C'è un modo molto immediato: mettendo in un secchiello, o anche in una pentola, acqua, ghiaccio e sale grosso e fino. Per un principio chimico, la temperatura si abbassa velocemente. E comunque sempre meglio il ghiaccio che il frigo. L'operazione è anche ripetibile ed è un ottimo rimedio per una bottiglia di vino calda appena portata da un ospite.

All'opposto: ho una bottiglia di rosso, magari di corpo, troppo fredda perché conservata a temperature troppo basse. Cosa facciamo? Forno a microonde? Direi di no, e qualcuno me l'ha chiesto ai corsi: «Mi scusi, nel microonde, così come metto la tazza con l'acqua per un tè, non posso mettere il vino?».

Dicevo: facciamo scorrere l'acqua di rubinetto calda e ci mettiamo sotto la bottiglia? No, trauma insostenibile. Allora prendiamo un canovaccio da cucina e lo imbeviamo nell'acqua calda e poi ci avvolgiamo la bottiglia. Al primo passaggio la bottiglia già sembra sudare e, ripetendo questa operazione due o tre volte, la temperatura nel giro di poco si alza.

Una volta che abbiamo abbassato la temperatura, spostiamo il nostro vino in una glacette. Adesso ce ne sono di carine, in plastica con il liquido di ghiaccio sintetico, e una volta tolte dal freezer durano abbastanza. Un paio in freezer consiglio di tenerle sempre per ogni evenienza. Se ne vendono dai 3 euro nei negozietti di casalinghi a basso prezzo ma anche italiane firmate da mostri sacri del design che le hanno concepite in tante forme e fogge. La presentazione in glacette è moderna. Ma esiste anche un ghiaccio che non si scioglie: cubetti che nel vino rilasciano il freddo e non annacquano il prezioso contenuto. Da un po' di tempo a questa parte stanno prendendo piede anche in Italia. Il principio è quello del ghiaccio secco: si tratta di cubetti foderati di plastica alimentare che rilasciano il freddo. Un po' più invasivo, forse, ma la bevuta resta piacevole. In estate è ideale servire con questo tipo di ghiaccio i bianchi e i rosati, questi ultimi hanno corpo e gradazione da vino rosso ma regalano un bouquet più delicato. Così posso permettermi di servire con buon successo anche delle grigliate alla sera, non dovendo per forza combinare un vino di medio corpo.

Cena in piedi: come servire il vino

Con un buffet misto, antipasti e qualche primo al forno, sicuramente vini rossi che apriremo un'oretta prima e lasceremo in bottiglia. Consiglio poi almeno di disporre due etichette diverse. A volte si può vedere cosa portano le altre persone o decidere di giocare: io preparo e voi portate il vino. Può essere istruttivo: perché strano o meno che sia, la scelta del vino parla di noi stessi. Scegliamo un vino o l'altro perché ci può ricordare il luogo dove siamo stati in vacanza; più spesso le nostre origini, e l'acquisto di un vino gioca tanto sul ricordo.

I vini bianchi poi possono andare in quelle boulle molto grandi dove poggiare bottiglie diverse: di vitigni aromatici o non aromatici, Gewürztraminer o, che so, del Trebbiano d'Abruzzo o del Grechetto umbro, che sono vini conosciuti e senza un accento forte.

Se offrite bollicine, non mi stanco mai di raccomandare di farlo alla giusta temperatura, e quindi attenzione al trattamento e attenzione se ci sono tanti ospiti. Le bollicine, che siano secche o brut, vanno servite come antipasto e a tutto pasto; quelle extra dry o un po' moscato le possiamo invece giocare con i dolci, mai fare il contrario. Non tiriamo fuori il Prosecco con la torta nuziale: un vino secco con un dolce in bocca crea una sensazione metallica.

Un altro accorgimento utile è il salvagoccia che si mette attorno al collo della bottiglia per evitare la caduta di gocce sul tavolo o sulla tovaglia. Ce ne sono di design anche molto carini: ad anello per l'esterno o i draps, dischetti argentati che si piegano e si inseriscono all'interno del collo della bottiglia. Ce ne sono di coloratissimi, anche usa e e getta, lavabili e sempre pronti per ogni occasione.

E, sempre per una cena in piedi, si può pensare a un giusto bicchiere, che resti nostro per tutta la durata del buffet grazie alle tracolline da degustazione. Si sta in piedi, non ci sono tanti ripiani dove porre il proprio bicchiere. Si hanno le mani libere per mangiare, e per gesticolare: come italiani non possiamo farne a meno. Sono come portaocchiali ma si tratta di portabicchieri: oggetti pratici e funzionali, colorati o di forme diverse, così che ognuno può ritrovare il proprio bicchiere tra quelli che vede in sala. Adesso se ne fanno di tutte le fogge, colori – fiori e fiocchi – lavabili o di carta usa e getta.

Lei: Allora, fammi controllare. (*aggiustando la tavola*) Questo qui, no, questo è meglio metterlo così. Ci mancano solo gli ospiti, direi!

Successione dei vini a tavola

L'ordine dei vini a tavola deve sempre rispettare la gradazione alcolica crescente e la combinazione con la pietanza che li accompagna. Poi, per un tocco ulteriore di raffinatezza, bisogna considerare nel complesso i vini previsti per i piatti nel menu.

Breve decalogo

- L'accostamento del vino con un cibo deve provocare nel palato un insieme di sensazioni armoniche.
- Il vino non deve prevaricare i sapori del cibo ma esaltarne e migliorarne il gusto.
- La vivanda non deve mai prevalere con aromi e spezie rilevanti sul bouquet del vino la cui sequenza è in diretto rapporto con le vivande servite.
- I bianchi precedono i rosati e i rossi.
- I vini leggeri precedono quelli robusti.
- I vini giovani precedono quelli più vecchi e i vini nobili d'annata.
- I vini secchi saranno serviti prima dei vini dolci e liquorosi.
- Prima i vini più delicati e poi quelli con sapori e profumi più marcati.
- Si serve prima il vino più freddo e poi quelli a temperatura ambiente (i vini da dessert si servono però freschi).

Un vino non deve far desiderare il precedente né sopraffare il successivo.

Abbinamenti

Vale la pena di sottolineare che non è affatto vero che cambiare vino a tavola fa male. È vero piuttosto che chi non è abituato a un susseguirsi di vini differenti, finisce per bere più del solito, e per questo può star male. Ma è solo una questione di quantità: vini diversi, serviti nella dovuta successione e bevuti in giusta misura, non hanno mai fatto male a nessuno.

Aperitivi Spumanti secchi Charmat e Classici; frizzanti bianchi e rosati; bianchi giovani.

Antipasti Vini bianchi o rosati; per gli antipasti caldi ci vogliono vini bianchi corposi anche affinati in barriques.

Salumi Vini rosati o rossi giovani, anche frizzanti; coi salumi più delicati (prosciutto crudo, culatello,...) vanno ugualmente bene vini bianchi profumati, di buon corpo; per i salumi caldi (zampone, cotechino), meglio i rossi sapidi e frizzanti.

Frutti di mare Vini bianchi profumati, di buona acidità, o spumanti brut.

Crostacei Vini bianchi ben strutturati, secchi o amabili.

Pesci In genere, vini bianchi e rosati; ma in certi casi vanno meglio i rossi giovani non tannici, fermi o frizzanti.

Pesci delicati, in bianco: vini bianchi nervosi e leggeri.

Pesci fritti: bianchi sapidi, di sostenuta acidità.

Pesci arrosto o in salsa: bianchi profumati e corposi.

Zuppe di pesce, brodetti, pesce azzurro alla griglia o in umido, anguilla: rosati o rossi giovani anche frizzanti (purché non tannici).

Pesci affumicati, caviale: spumanti secchi, o bianchi ben strutturati.

Uova Bianchi e rosati; se cucinate con salumi, fegatini o funghi, anche rossi giovani e profumati.

Minestre in brodo Con le ricette più delicate, vini bianchi o rosati.

Con le minestre più ricche e saporose (pasta e fagioli, ribollita), vini rossi giovani e sapidi.

Paste asciutte e risotti Con salse a base di verdure o di pesce, vini bianchi o rosati.

Con salse a base di carne, fegatini, salumi, funghi, vini rossi giovani fermi o frizzanti.

Carne In generale con i piatti di carne si consigliano i vini rossi, ma alcune volte la scelta può cadere anche sui vini bianchi. Il tipo di carne e la preparazione ne determinano l'abbinamento: con carni bianche, vitello, maiale, coniglio, si possono abbinare vini rossi leggeri o giovani, rosati o vini bianchi di struttura. Questi ultimi, anche se abboccati o liquorosi, si abbinano con piatti particolarmente delicati quali, per esempio, il fegato d'oca. Con la carne fritta e impanata si sceglieranno abbinamenti con rossi di buona acidità e rosati di buona gradazione. Infine, i rossi di buon corpo si abbinano alle carni in umido con salse scure; i vini rossi tannici anche invecchiati o caratterizzati da aromi primari, si accostano a carni rosse di manzo o montone, alla cacciagione, cotte arrosto o alla brace, o crude.

5

ANALISI SENSORIALE

Lei: Tutto questo parlare di vino mi sta dando alla testa.

Giacomo: Alla testa? Ma se ora entriamo nel cuore (*alzandosi da tavola e continuando a guardare il bicchiere in trasparenza*), nel cuore del bere e del bere sicuro.

Lui: Ora ci dirai che il vino va bevuto con la testa e con il cuore, che va consumato in maniera consapevole, perché è comunque alcolico...

Elena: ...e che è un prodotto naturale, delle stagioni, e che le sue tracce si perdono nella notte dei tempi.

Giacomo: Per caso l'ho già detto la scorsa volta?

Lei: Anche la volta prima, se è per questo. Anzi: di solito aggiungi che la cultura del vino ce ne fa bere meglio e meno. «Berlo vuol dire degustarlo» è una specie di tuo motto.

Giacomo: ...e questo ci fa capire che non siamo qui a scolarcelo.

Lui: Questa non l'avevi mai detta finora.
Lei: Bisogna saperlo riconoscere...
Elena: Chi? Giacomo?
Lei: Scherzi? Il vino, che è molto più importante. E per conoscerlo bene abbiamo i nostri sensi, quasi tutti. L'analisi sensoriale è il riconoscimento visivo, olfattivo, gustativo e tattile di un vino.

Analisi sensoriale

Gli unici strumenti dei quali l'uomo si serve per realizzare la degustazione sono gli organi di senso: vista, olfatto, gusto, tatto e, molto meno, l'udito. A loro tocca leggere tutto ciò che sta in un bicchiere di vino, sintesi del perfetto equilibrio tra la natura, la mano dell'uomo e la tecnica.

Colori, profumi e sapori colpiscono gli organi di senso. Poiché ogni persona reagisce in modo diverso agli stimoli esterni, le sensazioni possono essere definite come dei fenomeni soggettivi, dei riflessi che dipendono dalla sensibilità di ciascuno.

Ma come è possibile riconoscere un colore, un profumo o un sapore, se non lo si è mai incontrato o memorizzato in precedenza?

Si supponga di seguire una degustazione guidata, in particolare la descrizione olfattiva di un vino in cui si percepiscono sfumature di confettura di ciliegia, liquirizia, anice stellato e legno. Se una persona non ha mai avuto modo di sentire il profumo dell'anice stellato, per esempio, sarà impossibile riconoscerlo, ben al di là delle difficoltà sensoriali legate all'identificazione anche dei profumi noti, come quelli della confettura di ciliegia e della liquirizia.

Per questo motivo si insiste sulla necessità di fare molti assaggi e degustazioni, per conoscere tante tipologie di vini, ritrovare e memorizzare quelle stesse sensazioni che, un po' alla volta, diventeranno più familiari e riconoscibili. Solo così, degustazione dopo degustazione, sarà possibile esprimere un giudizio appropriato sui vini.

Un buon approccio, soprattutto agli inizi, può essere quello di procedere alla cieca, cioè senza conoscere il vino che si degusta, i vitigni impiegati, il produttore, l'annata, il titolo alcolometrico. Solo in questo modo gli organi di senso riusciranno ad affinare la propria sensibilità e il cervello a costruire un archivio nel quale sistemare in modo ordinato colori, profumi e sapori dei vini.

A questa nutrita serie di dati la memoria attingerà durante ogni successiva degustazione, per ritrovare un riflesso, una sfumatura odorosa o un gusto, che permetterà di stabilire un immediato collegamento con vini già assaggiati. La capacità di degustare è un'arte in continuo divenire.

Un ulteriore consiglio per chi inizia: si può cominciare a degustare vitigni aromatici come il Gewürztraminer, come il Sauvignon, come il Brachetto. Perché questi, una volta degustati e riconosciuti, non li dimentichiamo più: hanno un'identità forte e unica e non li puoi confondere.

Primi approcci dei sensi al vino

Visivo

Lei: Vedi qua? (*inclina il bicchiere*) L'unghia, l'alone rimasto qui nel bicchiere, mi può arrivare a dire di un vino italiano di quale regione è, soprattutto per i vini rossi. Dall'unghia più o meno carica si potrebbe capire da quale parte d'Italia può venire.

Lui: Vedere certo è importante anche per il vino.

Elena: Se avessi visto bene, forse con Giacomo non mi sarei sposata.

Lei: Dai, non esagerare, rompe un po'. Anche se è vero che siamo attratti da persone e luoghi sin da un primo approccio, che è logicamente visivo. Una cosa che ai nostri occhi non piace non ci convincerà mai.

Olfattivo

Giacomo: (*quasi appoggiando il naso sul bordo del bicchiere*) Con il naso spesso riesco anche a riconoscere l'età del vino stesso o la sua provenienza da uve aromatiche.

Lui: Con quel naso che ti ritrovi, ci credo! Ma racconta loro quello che m'hai detto l'altro giorno, dopo che sei stato a quella degustazione.

Elena: Me l'ha già detto duecento volte...

Giacomo: (*rialzandosi in piedi*). Non c'è più il rispetto di una volta: il sommelier diceva una cosa e tutti a dire «è vero» con aria estatico-sognante.

Lei: Certo: se i riconoscimenti li definisce un'altra persona, chi viene guidato riesce a capire molto meglio, soprattutto gli odori.

Elena: Anche se riconosciamo purtroppo meglio i «cattivi» che quelli «piacevoli»...

Lei: ...catrame, gas, benzina li abbiamo sempre ben presenti, i cattivi odori li abbiamo nel naso. Tutti questi odori molto forti li riconosciamo subito per nome e cognome, perché ci danno più sollecitazioni rispetto a quelli piacevoli, quelli naturali.

Elena: ...e quelli piacevoli vanno via in un amen, li conserviamo senza coscienza.

Lui: E ci ritornano alla memoria come la *madeleine* di Proust.

Giacomo: Non ho mai letto Proust ma conosco bene il meccanismo. L'odore della crostata di mamma, quell'odore... mi sembra di sentirlo ora che ne parlo.

Quando si approccia l'analisi sensoriale, si cerca di riconoscere quegli odori esistenti in natura che ritroviamo nel bouquet del vino. Con la memoria gli odori li riconosci e li devi identificare, trovando la natura nel bicchiere. Troppe articolazioni e artifici nei termini sembrano fatte più per l'orecchio degli addetti.

Gustativo

Poi c'è la parte gustativa che spesso può sorprendere. E dopo tanti vini degustati, ogni volta che mi ritrovo di fronte a uno nuovo penso a chissà cosa mi regalerà. Attenzione: non è un'aspettativa ma proprio una sorpresa. Devo capire cosa quel vino mi sta per regalare. Imparare a degustare il vino significa imparare anche ad amare e rispettare tante sensazioni.

Lei: Il bello del vino è che non ne esiste uno unico, eccezionale: quello che per me è il numero uno non lo è per te, ma parliamo sempre di grandi prodotti.

Elena: Come una hit.

Lei: Esatto.

Giacomo: Per me al numero uno ci sono i Queen e per te i Pink Floyd. Possiamo dire che uno è meglio dell'altro? Diciamo che sono generi diversi. Così è anche il mondo del vino ed è per questo che continuiamo a parlarne e ad aprire bottiglie.

Lui: E a star qui seduti attorno a un tavolo in pieno convivio.

Lei: Il mondo del vino te lo permette. E vorrei aggiungere: dobbiamo sempre considerare che un vino deve essere fatto oggettivamente bene, ma la sua piacevolezza e la sua resa possono essere soggettive. Ma spesso, quando si dà un giudizio, si cade in una condizione che possiamo definire come affettività.

Giacomo: Ma il vino, per dirla alla francese, è *terroir*, «territorio», inteso come un insieme molto più ampio rispetto al mero terreno dove il vitigno è cresciuto, e cioè come il territorio che vive attorno alla vite.

Lui: Hai detto la tua della serata.

Oggettività, soggettività, affettività

Dobbiamo al riguardo tenere ben presenti tre elementi: un vino è fatto oggettivamente bene oppure no; soggettivamente può piacere o meno; l'aspetto affettivo è l'«a me mi...».

Purtroppo nel mondo del vino si parla spesso di affettività spacciandola per soggettività. Quando parliamo di vino, dobbiamo essere chiari, come nei rapporti con le persone; dobbiamo dire che vino è, come è stato fatto, oggettivamente; e se ci sono delle parti di non equilibrio, non necessariamente lo sminuiranno, come una bella donna: può avere dei fianchi larghi e sentirsi in difetto, mentre per un uomo che la guarda non è così. Anche un vino non perfetto può essere interessante al palato di chi lo saggia, purché sia stato fatto con tutti i crismi.

Una volta appreso l'abc dell'analisi sensoriale, si possono allargare i confini dell'analisi e quasi fare un gioco, una specie di videogame con i suoi vari livelli. L'apice è nell'iniziare a giocare con l'abbinamento cibo-vino, fondamentale perché così possiamo esaltare ogni prodotto. La chiave di come vanno abbinati? Per concordanza o per contrapposizione, non così lontano dalla lettura dei segni zodiacali e delle loro compatibilità. Un mondo che ti apre altri mondi. Un ulteriore livello del gioco può essere quello di mixare gusti di cucina internazionale con il vino italiano: una vera apertura della mente.

Analisi sensoriale e relazione cibo-vino

In un perfetto abbinamento, il cibo e il vino debbono essere l'uno al servizio dell'altro. Il metodo di abbinamento comunemente riconosciuto si basa su due criteri specifici: il contrasto e l'analogia.

Contrasto perché alcune sensazioni del vino bilanciano gli squilibri del cibo e viceversa, *analogia* perché in alcuni casi le sensazioni mantengono lo stesso rapporto, la stessa tipicità.

Mettere in contrasto cibo e vino significa sostanzialmente cercare un equilibrio proprio dal punto di vista fisico, della struttura. Se un vino è troppo ampio, intenso e persistente e abbiamo un cibo povero di sensazioni, il vino lo sovrasterà del tutto.

Quando si parla di *analogia* è perché non tutto deve contrastare, in quanto se mettiamo in contrapposizione oltre alla fisicità anche gli aromi e i sapori, allora non va più bene. Dobbiamo cercare, invece, le affinità utili per costruire l'armonia gusto-olfattiva. Per esempio, il tartufo bianco di Alba non ha una grande struttura ma ha un intenso corredo aromatico. Se lo mettiamo sulle uova all'occhio di bue, che sono l'abbinamento principe, non abbiamo bisogno di un vino potente, bensì delicato e di struttura, come può essere lo Chardonnay. Se, al contrario, quel tartufo lo mettiamo su una tagliata di manzo, allora cercheremo nel vino anche la potenza.

Altra cosa importante da valutare è la temperatura: per il vino la temperatura di degustazione va da un minimo di 6 °C fino a 18 °C, ma il cibo possiamo mangiarlo dagli 0 °C (gelati) fino ad arrivare ai 40 °C (brodo). La temperatura più alta o più bassa influisce, come sappiamo, sulla percezione delle sensazioni, sulla volatilità dei profumi, sull'intensità e sulla persistenza degli aromi e, in particolare, bisogna tener presente che le temperature molto basse o molto alte di un cibo non sono abbinabili al vino, perché entrambe portano a un deficit di gusto temporaneo della nostra bocca.

Le componenti gustative del vino e del cibo

Acidità, sapidità, effervescenza. Queste percezioni danno in bocca soprattutto sensazioni di freschezza e pulizia. L'acidità è una componente che conferisce pulizia. L'effervescenza è un carattere rafforzativo dell'acidità.

Alcol, tannino. Hanno funzioni diverse. Oltre a conferire una buona struttura al vino, danno alla bocca note disidratanti e creano astringenza.

Morbidezza, profumi, aromi. Danno insieme la piacevolezza del vino.

I parametri di valutazione sensoriale del cibo si possono invece riassumere in due insiemi: sensazioni morbide e sensazioni dure.

Sensazioni morbide

Grassezza. Ci riferiamo ai grassi solidi, cioè a quelli che danno una percezione solida tra lingua e palato, come burro e lardo, che provocano quella sensazione pastosa in bocca perché non si sciolgono subito. Anche il cioccolato dà questa sensazione perché contiene almeno un 30 per cento di burro di cacao, che è responsabile di quella nota pastosa che il cioccolato, soprattutto quello fondente, ci lascia dopo la deglutizione. Ma grassi solidi sono anche le carni, i formaggi, la pancetta, il guanciale, la parte grassa del prosciutto ecc.

Tendenza dolce. Non va confusa la tendenza dolce con la dolcezza vera e propria. Per *dolcezza* si intendono zuccheri aggiunti in una preparazione (dessert, dolci). Quando invece siamo in presenza di *tendenza dolce,* si tratta di qualcosa che assomiglia alla dolcezza ma è più vicino all'insipido. È tipica degli amidi, dei carboidrati, delle carni succulente, del pane, dei formaggi, del latte, delle patate, della frutta, del pesce.

Succulenza. La succulenza è la presenza di liquido in bocca. Si definisce *intrinseca* quando c'è del liquido direttamente nella preparazione che introduciamo in bocca, come in un brodo oppure in un piatto con molto condimento, oppure le ostriche, i bolliti, i brasati; è invece *indotta* se proviene da sostanze che inducono alla masticazione che, a sua volta, genera salivazione, per esempio la bistecca fiorentina, lo spezzatino di cinghiale, il pane, i formaggi. In aggiunta a queste due forme possiamo citare anche il fenomeno chimico-psicologico dell'«acquolina in bocca».

Untuosità. È certamente riferita all'olio vegetale. Mentre il grasso è qualcosa di solido, la nota untuosa è qualcosa di liquido che rende la lingua velata e insensibile. Viene data in bocca dall'olio oppure dalla presenza di grassi liquefatti. Per esempio, il burro fuso dà contemporaneamente sensazioni di grassezza e di untuosità. Se in una preparazione non c'è olio e non ci sono altre forme di grassi liquidi, non avremo sensazione di untuosità.

Sensazioni dure

Sapidità. È il carattere saporito tipico del sale, che può essere aggiunto prima o dopo la cottura oppure durante la stagionatura di formaggi e salumi o la preparazione di pesci come l'aringa e il baccalà. Particolare è una carne animale come l'agnello *presalé* della Normandia, che pascola mangiando erba investita dalle correnti salmastre dell'oceano e dà una carne già sapida.

Tendenza amarognola. La tendenza amarognola viene percepita in prevalenza sul fondo della lingua e può essere data da alimenti che hanno questa qualità intrinseca come il radicchio, i carciofi, il fegato, il tartufo, gli affumicati, oppure è caratteristica dei piatti cucinati alla griglia o alla brace per la formazione di sostanze carbonizzate. Può essere data anche da una presenza rilevante di erbe aromatiche.

Tendenza acida. È data da una presenza rilevante di sostanze acidule. La si ritrova in quasi tutti i derivati del latte oppure in preparazioni nelle quali è stato aggiunto qualcosa di acido come l'aceto, il limone, l'aceto balsamico, la salsa di pomodoro poco cotta.

Speziatura. La speziatura del cibo è percepita con l'olfatto ed è determinata con l'addizione di spezie o erbe aromatiche cucinate come ingredienti di una preparazione. Tipica dei salumi e di alcuni formaggi stagionati, è presente anche in piatti tipici come il risotto allo zafferano. Questa sensazione è a volte accompagnata dalla piccantezza.

Aromaticità. L'aromaticità del cibo è percepita con l'olfatto. Può trattarsi dell'aromaticità naturale (pesce, formaggi, funghi, crostacei), oppure è qualcosa di gustoso e profumato fornito dalla presenza di spezie o erbe aromatiche a crudo utilizzate anche in combinazione fra loro. Per esempio, lo speck e alcune preparazioni come la caprese con l'origano oppure il pesto alla genovese con aglio e basilico.

Prendendo ora in esame i caratteri del vino – acidità, effervescenza e sapidità – troviamo in loro, in relazione al cibo, le sensazioni di grassezza e tendenza dolce. In effetti l'acidità è uno sgrassante, mentre la sapidità va a contrastare la tendenza dolce (tipo degli gnocchi alle zucchine e gamberi) perché un vino con una buona sapidità rende l'abbinamento più piacevole anche con un piatto insipido.

Alcol e tannino sono soprattutto caratteri disidratanti, cioè tolgono liquido dal cavo orale e, quindi, si contrappongono alla succulenza del cibo ma anche all'untuosità che, per quanto viscosa, è pur sempre liquida. In particolare l'alcol gioca un ruolo importante per la succulenza mentre il tannino lo fa con l'untuosità.

La sensazione di dolcezza per il vino è in analogia con la dolcezza del cibo. Negli altri casi non si prende quasi mai in considerazione. Con i cibi non dolci possono essere abbinati anche vini dolci ma, viceversa, con cibi dolci (che hanno zuccheri) ci vogliono assolutamente vini dolci. L'armonia di sensazioni gusto-aromatiche con cibi dolci può esistere solamente se c'è presenza di zuccheri anche nel vino, perché un vino secco metterebbe in risalto sensazioni amare. Il vino dolce, al contrario, può bilanciare le sensazioni grasse del cibo (tipo il Sauternes con il foie gras) quando la morbidezza da sola non ce la fa.

La morbidezza serve infatti a bilanciare e armonizzare un cibo che è sapido, ha tendenza amarognola e tendenza acida, cioè sensazioni di durezza che hanno appunto bisogno di qualcosa di morbido. In alcuni casi l'amarognolo oppure il piccante di alcuni preparati o soprattutto dei formaggi stagionati si accompagna a un vino dolce o muffato, perché la morbidezza da sola non ce la fa a contrastare il cibo e dobbiamo ricorrere allo zucchero del vino (in alternativa anche al miele) per armonizzare.

6

VENDEMMIA E VINIFICAZIONE

Lei: Non è che è proprio sempre come a Cana, non ti pare?

Giacomo: In che senso?

Elena: Come in che senso? Ti sei scordato di quel tale e di quel suo miracolo? Dopo di lui nessuno, mica per niente.

Giacomo: Ho capito, non c'ero. Ma cosa vuoi dire!?

Lei: Dalla spremitura dell'uva non è che arriva direttamente il vino.

Giacomo: Se è per questo, neppure l'uva arriva direttamente nelle cantine, bisogna portarcela dai tralci.

Lui: Scoperta! In fondo, la vinificazione altro non è che la trasformazione dell'uva in vino tramite la fermentazione degli zuccheri. L'acino contiene una parte di acqua e una di zuccheri che prima si trasformano in mosto e poi, nel tempo, con la fermentazione, in vino.

Giacomo: Sarà così, ma ripeto: l'uva mica arriva direttamente nelle cantine.

Vendemmia

Prima della vinificazione una parola sulla raccolta dell'uva, la vendemmia. Il modo in cui viene raccolta l'uva può dipendere dalla forma di allevamento della vite: ad alberello, a tendone, a *guyot*, a pergola e così via e, per ciascuna, c'è un modo di vendemmiare diverso. Un esempio molto particolare è rappresentato dalle piante della zona della Champagne: le viti lì sono bassissime, sembrano piante di fragole, per cui oggi la raccolta avviene con particolari trattori che passano sopra i filari e non in mezzo a essi. La conformazione di questa vite porta l'uva a prendere molto calore, così che il grappolo è quasi coccolato nel cuore della terra. In questo caso parlare di «madre terra» sembra quanto mai opportuno.

Lui: Cara, ti ricordi quell'anno in Trentino?

Lei: Indimenticabile, e che spettacolo: la vite lungo la valle dell'Adige è disposta a terrazzamenti e i contadini raccolgono ancora l'uva con la bigozza, un cesto a zaino, e la portano su e giù per la valle. Almeno allora, quando ci siamo andati noi.

Elena: Ci son stata anch'io un anno, ora mi pare che si siano un po' meccanizzati: le bigozze vengono prelevate da elicotteri ma prima era tutto sostenuto dalla forza degli uomini e delle bestie.

Lui: C'è sempre un residuo di manualità in questa fase della produzione.

Giacomo: Guai se mancasse, come a Pantelleria.

Lui: Che isola! C'è sempre un vento che sembra voglia rigettarti quando arrivi, per mare o per aria, con la nave o con l'aereo. Pare che ti dica: «Che ci sei venuto a fare?».

Elena: Come fosse tutt'altra viticoltura. A Pantelleria, con lo zibibbo. Sembra che le piante di vite non vivano ma sopravvivano. Anche lì la vite è disposta a terrazza in questi giardini panteschi dove la pianta è un alberello che quasi cade sotto il livello del terreno, dove sembra voler scavare. Intorno ci sono dei muretti di pietre e le foglie sono nella sabbia dell'isola, si fanno a cupola per proteggere il frutto dal sole e dai venti. La raccolta è ovviamente tutta manuale.

Lei: E la Puglia? C'è tutta una parte, quella più greca, dove i terreni hanno una prima superficie rocciosa che deve essere perfino sbancata per poi essere lavorata. E la diversità dei territori dona poi ai vini peculiarità e una grande personalità.

Giacomo: Ogni zona la sua vendemmia...

Lui: Che non è più la stessa: sembrerà strano ma con l'avvento del *Niño*, per dirne una, il nostro clima si è modificato, le vendemmie sono anticipate rispetto a cent'anni fa, anche di una ventina di giorni rispetto ai primi del Novecento.

Lei: Senza considerare che all'interno di un'azienda vinicola ci sono uve diverse con tempi diversi di maturazione. Così può anche darsi che in quelle aziende comincino a vendemmiare a fine luglio e vadano avanti fino a ottobre.

La vinificazione

Il prodotto della vendemmia viene portato in cantina e viene defoliato e diraspato. Gli acini sono separati dai raspi che vengono utilizzati per la concimazione dei campi. La vinaccia, e cioè le bucce, dopo la fermentazione viene destinata alle distillerie per fare la grappa. Bisogna distinguere tra grappa e distillato d'uva; per produrre quest'ultimo, oltre alle bucce s'impiega anche il mosto e sarà più morbido. La grappa italiana ha un'etichetta precisa ed è un brand che ci distingue in tutto il mondo.

Diraspato l'acino, viene passato alla pressatura soffice. Infatti i semi dell'acino non vanno disintegrati perché lasciano un senso di amaro e quella parte di tannino non nobile che potrebbe rovinare l'integrità di un vino.

Con la pressatura soffice abbiamo il prodotto della prima fase della vinificazione: il mosto. Nel mosto c'è ancora il contatto della buccia con la parte liquida; il contatto tra queste due componenti varia da vino a vino. Nella buccia, fattore molto importante, sono concentrate tutte le parti coloranti, i fenoli che danno il colore al vino, e anche le parti aromatiche. A volte nella controetichetta c'è scritta la tempistica della fermentazione. Così si capisce che tipo di passaggio c'è stato e che concentrazione polifenolica può esserci.

Le tecniche di vinificazione maggiormente utilizzate sono due: con o senza macerazione. *Con macerazione*, o *vinificazione in rosso*, significa che non vengono eliminate le bucce nei primi giorni in cui il mosto comincia a fermentare (questa tecnica è usata soprattutto per i rossi). *Senza macerazione*, detta *vinificazione in bianco*, quando vengono eliminate le bucce prima della fermentazione (spesso usata per la vinificazione del Pinot nero).

Criomacerazione è la macerazione a freddo. Essa permette un controllo decisivo in questa fase delicata della vinificazione per mantenere intatto il bagaglio delle sensazioni olfattive, in altre parole gli aromi delle uve. Si pensi che in Sicilia e nelle zone più calde del nostro paese le aziende spesso fanno la vendemmia notturna perché le temperature raggiunte durante il giorno sono troppo alte e si rischia di compromettere il bagaglio aromatico delle uve.

Vinificazione in rosso

La vinificazione con macerazione dona il colore al vino, oltre che i tannini e gli aromi. Se ciò avvenisse per i vini bianchi, inizialmente risulterebbero più aromatici ma passerebbero in soluzione un eccesso di sostanza colorante e un eccesso di tannini.

Con l'aggiunta di modeste quantità di anidride solforosa (per disinfettare i vasi vinari e la massa, che talvolta può essere leggermente rovinata) il mosto viene messo a fermentare all'interno di vasi e a una temperatura controllata di circa 18-20 °C mediante dei refrigeratori. Subito i lieviti danno il via alla fermentazione alcolica durante la quale avviene la trasformazione degli zuccheri in alcol e anidride carbonica, con emissione di calore. Dopo alcuni giorni di fermentazione gli zuccheri vengono tutti trasformati in alcol e il processo si completa.

Nel vino rosso invece le bucce rimangono nel tino per alcuni giorni per far sciogliere alcune sostanze, tra cui quelle coloranti. In questa fase avviene il rimontaggio: dal fondo si smuove il mosto e si ribagna il cappello formato dalle bucce, che rimangono a galla. Questa operazione viene ripetuta ogni tre-quattro ore, anche di notte, per tutta la durata della fermentazione alcolica. I gas che si sviluppano portano in superficie le bucce, che devono essere spinte di tanto in tanto in basso per evitare lo sviluppo dei batteri acetici e rimescolare le masse per una perfetta riuscita. Alcuni tini sono dotati di una barriera a una certa altezza in modo che le bucce non salgano oltre un certo livello e rimangano sempre immerse nel mosto.

Oltre al colore rosso, al vino viene rilasciata una certa quantità di tannini, necessari per ottenere dei vini corposi. Le sostanze coloranti sono ossidabili ma non rilasciano al vino il sapore di ossidato, quindi hanno la funzione di barriera contro l'ossigeno. Lo scambio dell'ossigeno in contatto con il liquido crea "punti" fra gli antociani e i tannini. Dopo la svinatura, operazione con la quale si separano le bucce dal mosto in fermentazione, il vino viene posto in un altro contenitore, dove terminerà la fermentazione. Successivamente, il travaso separa le fecce dal vino nuovo, che può passare in botti di rovere a maturare. In questa fase, però, il vino non è ancora stabile e quindi bisognerà favorire la fermentazione malolattica (da acido malico ad acido lattico). Questa operazione apporta una maggiore morbidezza e rotondità al vino. Nelle botti di rovere vengono migliorate le caratteristiche organolettiche del vino. A questo punto i vini restano in cantina a maturare.

Per la vinificazione in rosso si sceglie, tolte le bucce dal mosto, dove proseguire la vinificazione. Una possibile scelta sono i contenitori di acciaio, e lì parte il vero e proprio passaggio dal mosto al vino. Il mosto, a contatto con i lieviti degli zuccheri, i saccaromiceti, inizia la vera e propria fermentazione alcolica. Spesso accade che il vino faccia un solo percorso in acciaio; altri fanno anche un periodo in botti di legno grandi; altri ancora possono farlo in piccole botti o *barriques*. Dipende da che tipo d'apporto si vuol dare al vino. Il legno dà rotondità, morbidezza, aiuta a tirare fuori le note più dolci, di vaniglia, tipica di alcuni legni. Poi c'è il rovere, l'*alliez* francese, che dà ancora sapori differenti.

Alcuni vitigni devono avere percorsi obbligati: non possiamo costringere un Nebbiolo, per esempio, al solo inox. È come un ragazzo di grandi capacità, bisogna lasciarlo esprimere al meglio, anche in botti di legno, prima di imbottigliarlo. I vini vengono elevati in legno attraverso un invecchiamento in quel contenitore e poi si affinano in bottiglia. Dipende dal vino con cui abbiamo a che fare e da quello che ci può dare.

Vinificazione in bianco

In un processo di vinificazione in bianco dalle uve pigiate, private di raspi, bucce e vinaccioli, si ottiene il «mosto fiore» che viene lasciato fermentare per un periodo di tempo di 10-20 giorni a una temperatura inferiore a 20 °C. In alcuni casi, il mosto viene lasciato a contatto con le vinacce per un breve periodo, 12-36 ore, a una temperatura di 7-10 °C. Si tratta di un procedimento, detto *criomacerazione*, che consente di aumentare l'estrazione di profumi e aromi contenuti nelle bucce, limitando nel contempo l'estrazione dei tannini.

Nella produzione di vini bianchi «a tiratura limitata» si trovano ormai vini ottenuti al termine di criomacerazioni a temperature prossime a 0 °C, che consentono di prolungare la macerazione sino a 8-10 giorni. I risultati sono eccellenti e consentono la realizzazione di vini bianchi con un'ampiezza olfattiva e una struttura che con le tecniche tradizionali sono di fatto irraggiungibili.

In Friuli, terra con tradizioni enologiche mai abbastanza decantate, con la criomacerazione vengono oggi prodotti veri gioielli dell'enologia tra i quali ci piace ricordare due vere rarità quali l'Ucelut e il Moscato Rosa.

I vini bianchi dotati di struttura e caratterizzati da una presenza significativa di tannini si prestano, inoltre, molto bene a un affinamento in botti di legno di piccole dimensioni (225-400 litri) per periodi compresi fra i 3 mesi e 1 anno. Si ottengono vini bianchi che, per ampiezza olfattiva, corpo e lunghezza di gusto, sono in grado di regalare sensazioni molto piacevoli, a volte inaspettate.

Vinificazione in rosato

Partiamo dal presupposto che il rosato non è un vino proveniente da due bacche, bianche e rosse, ma è una vinificazione per lo più di uva a bacca rossa con un minimo apporto della buccia a contatto del mosto e soprattutto a criomacerazione molto bassa. Così non c'è forte rilascio della componente polifenolica colorante. C'è un solo disciplinare che permette il mix di bacche ed è quello dello Champagne; la vinificazione in rosato è soltanto un modo diverso di vinificare l'uva a bacca rossa. Alle volte il rosato può derivare da viti a bacca grigia, come il Pinot grigio che ha una buccia rosa cipolla, quasi bronzo ramato.

C'è un'altra fermentazione della quale non abbiamo ancora parlato, ed è la *macerazione carbonica*. Viene usata per il vino novello. Un vino che, dalla raccolta all'imbottigliamento, in dieci giorni è pronto perché, tramite la macerazione carbonica, con introduzione di anidride carbonica in silos di acciaio, si accelera la fermentazione per dare vita a un prodotto giovane con la principale caratteristica di rilasciare non il corpo ma la freschezza, cioè tutto il bagaglio di sensazioni aromatiche e quindi la parte primaria e floreale.

È un vino che vive di un inizio e di una fine. C'è una legge che prevede che il *déblocage* con la partenza della vendita datata 6 ottobre dell'anno in cui è stata effettuata la vendemmia. Poi si può scegliere di venderlo entro la metà di marzo. Ma non può essere più consumato; addirittura i francesi per il Beaujeolais preferiscono tipologie di Beaujeolais in primavera perché in bottiglia avviene una naturale fermentazione ed è vero che alcuni vini possono essere ancora più interessanti. Ma per me il novello va bevuto subito. Il novello è stato spesso sottovalutato dai sommelier: l'hanno sempre molto denigrato come «non vino» ma in realtà è solo fatto con una tecnica di vinificazione diversa. L'abbinamento è con castagne o con la pizza; è molto buono con le mozzarelle di bufala e con gli affettati. La gradazione va verso gli 11 e gli 11 gradi e mezzo.

Spumantizzazione

Due i metodi di spumantizzazione: metodo classico e metodo Charmat o Martinotti, dal nome dell'ideatore.

Metodo classico

La spumantizzazione con il metodo classico consiste in una lentissima rifermentazione in bottiglia e in un lungo invecchiamento in presenza di lieviti.

Si possono sintetizzare le seguenti fasi:

1. *tirage* o imbottigliamento del vino base;
2. presa di spuma;
3. maturazione dei lieviti;
4. *remuage* sulle *pupitres*;
5. *dégorgement* o sboccatura.

Tirage o imbottigliamento del vino base. Per ottenere la rifermentazione bisogna aggiungere al vino i lieviti e le sostanze che ne rendono possibile l'attività: zucchero e sali minerali.

Si utilizza sciroppo di zucchero di canna (*liqueur de tirage*) e i sali minerali sono aggiunti per favorire la moltiplicazione dei lieviti.

I lieviti, responsabili della rifermentazione, devono essere selezionati in modo da essere attivi alle basse temperature e alle alte concentrazioni di alcol, sviluppare gradevoli profumi e formare un deposito sabbioso che non si attacchi al vetro della bottiglia.

Il vino così miscelato viene imbottigliato nelle tradizionali champagnotte, tappate con l'apposito tappo corona (sotto il tappo c'è un cono di plastica, *bidule,* con l'apertura verso l'interno della bottiglia entro il quale, nel *remuage,* si raccoglierà il sedimento).

Presa di spuma. Le bottiglie vengono accatastate, in posizione orizzontale, in fresche e buie cantine e, nei mesi successivi, molto lentamente, i lieviti fanno fermentare lo zucchero aggiunto, liberando gradualmente l'anidride carbonica che si scioglierà completamente nel vino. Questa fase dura circa 6 mesi.

Maturazione dei lieviti. La maturazione prevede periodi che vanno da 9 mesi a 5-6 anni.

In questa fase i lieviti cedono poco alla volta al vino aromi caratteristici.

Remuage sulle pupitres. Terminato il periodo di maturazione, le bottiglie vengono poste inclinate sulle *pupitres* (cavalletti di legno con fori per la sistemazione delle bottiglie), dove vengono, giornalmente, ruotate e scosse con opportuni e sapienti colpi di polso per circa 60-70 giorni e, alla fine del periodo, le bottiglie sono conservate a testa in giù fino al momento della sboccatura.

Degorgement o *sboccatura.* Le bottiglie sono ora pronte per la sboccatura, manovra che serve per espellere il deposito riunitosi nella *bibule* del tappo corona. Un tempo era fatta *à la volée,* con una stappatura veloce e decisa, mentre adesso si usa il metodo *à la glace*: si immerge il collo della bottiglia in una soluzione a –25 °C che fa ghiacciare la parte vicina al tappo, contenente il deposito.

A questo punto si raddrizza la bottiglia e si stappa: il contenuto della *bidule* viene espulso, assieme al ghiaccio, sotto l'effetto della pressione. Rapidamente si aggiunge la *liqueur de expedition,* si ricolma la bottiglia di quanto uscito dalla sboccatura e si tappa con il tradizionale tappo e la gabbietta metallica. La *liqueur* è uno sciroppo composto di zucchero, vino vecchio, mosto e qualche goccia di distillato che ha una composizione tenuta gelosamente segreta da ogni produttore. Prima di essere messe in commercio, le bottiglie sono conservate ancora alcuni mesi, per dar modo alla *liqueur* e al vino di amalgamarsi.

Metodo Charmat o Martinotti

Questa tecnica consiste nell'ottenere la presa di spuma, sempre con zucchero e lieviti aggiunti al vino base, in grandi recipienti a tenuta di pressione (autoclavi) con passaggio finale in bottiglia.

Rispetto al metodo classico, in cui la stabilizzazione è affidata, per lunghi mesi, alla naturale precipitazione in bottiglia, i tempi di lavorazione sono brevi e quindi bisogna procedere a interventi stabilizzanti ancora sul vino base.

L'autoclave in cui avviene la presa di spuma è un recipiente, in genere d'acciaio, di capacità variabile da pochi ettolitri a decine di ettolitri, collaudato a pressione e raffreddato con termostato per regolare la temperatura del vino.

Al vino base vengono aggiunti lo zucchero, i lieviti e i sali minerali, come nel *tirage* del metodo classico. Dopo un periodo di fermentazione, variabile da pochi giorni ad alcuni mesi, il vino viene centrifugato isobaricamente per separarlo dalla maggior parte dei depositi, poi viene travasato in un'altra autoclave dove si aggiunge il dolcificante. Da questa autoclave, sempre isobaricamente, viene filtrato e messo nelle bottiglie che vengono tenute ancora per qualche mese in cantina per stabilizzarsi.

7
VITIGNI AUTOCTONI

La nostra Italia, con la sua tipicità enologica, frutto di varietà autoctone invidiate da tutto il mondo, tenta oggi di vincere il confronto con i produttori stranieri riportando la giusta attenzione sulle zone d'origine dei vini e sulle culture locali a esse associate.

Con quasi 350 vitigni autoctoni coltivati, il Bel Paese costituisce una realtà unica nel settore e indica anche quale sia la strada da perseguire per combattere l'appiattimento delle produzioni a cui oggi si assiste. Il futuro del vino, a parere di ricercatori ed esperti di mercato, non può che essere nelle mani della tradizione e quella italiana ha tutte le potenzialità per poter prevalere. Lo dimostra il crescente interesse verso le produzioni nostrane, con le loro prerogative in grado di distinguersi da un panorama gustativo appiattito.

Elena: E se non fosse proprio come dici? Sarà pur vero che i vini che hanno fatto conoscere l'Italia nel mondo, e l'Italia di qualità, sono stati i vitigni internazionali come Chardonnay, Merlot, Cabernet Sauvignon, Pinot nero e...

Lui: ...i vini francesi hanno fatto da apripista...

Elena: E se mi fai finire!

Giacomo: Calmatevi, ragazzi...

Lei: Intanto, passami quella bottiglia, per favore, prima che i due se la scolino.

Elena: Perché l'identità di questi vitigni è francese, lo si voglia o meno, mentre noi siamo il paese dove la coltivazione della vite si trova nelle migliori condizioni geo-climatiche. Ora che sta accadendo?

Giacomo: Sta accadendo?...

Lei: ...che prima timidamente il produttore italiano faceva i *blend*.

Lui: E che vor di'?

Lei: Cosa vuol dire? *Blend* vuol dire un insieme di più vitigni a formare un unico vino. Come il Sassicaia, che è stato considerato uno dei primi tagli bordolesi italiani.

Giacomo: Bordolese, perché originario di Bordeaux?

Lui: No, perché fatto con i bordi delle bottiglie. Ma ti pare?

Lei: Non divaghiamo; dunque un Sassicaia è fatto con Cabernet Franc, Cabernet Sauvignon e Merlot. Mistura non casuale, *blend* per l'appunto.

Giacomo: Né più né meno del whiskey scozzese.

Elena: Per l'appunto. Così anche i grandi bianchi friulani, molto noti, di fatto sono spesso un *blend* di più vitigni a bacca bianca.

Lui: E quindi ormai *blend* è parola di uso comune che aiuta a identificare un insieme di più vitigni.

Giacomo: In Sicilia si fa Chardonnay con Grillo, autoctono locale, e con altri vitigni a bacca bianca, il Catarratto per esempio, o anche l'Inzolia, che poi sono i tre vitigni a bacca bianca che formano la Marsala. Ma la cosa più interessante è che si è visto come questi vitigni non siano buoni solo per fare *blend*, ma anche vinificati da soli danno risultati di grande interesse.

Elena: Prendi il Nero d'Avola, vitigno diffuso a ombrello nell'intera isola. Lì questi vitigni autoctoni ora vengono vinificati da soli. Il Grillo regala una grandissima freschezza, con delle parti di floreale e fruttato molto delicate; Inzolia e Catarratto hanno invece un corpo maggiore, un grado di alcolicità maggiore e più sapidità. A differenza del Grillo, che ti dà un'immediatezza di freschezza, questi altri ti danno corpo.

Lei: Ma perché ogni vitigno ha una sua propria identità? Sono stati fatti studi sul genotipo. In Umbria, tanto per dire, si pensava che la maggior parte dell'uva bianca fosse Trebbiano. Facendo studi sulle viti hanno scoperto che spesso in mezzo al Trebbiano c'erano vitigni di Grechetto, altro autoctono a bacca bianca tipico dell'Umbria.

L'Italia, dunque, vanta un patrimonio quasi unico, quasi come le qualità (sono 300 i diversi tipi) di olive presenti nel nostro territorio. Nell'uno e nell'altro caso una varietà dettata dalla grande diversità dei nostri terreni, dal fatto che la nostra penisola è lunga e frammentata, con condizioni ambientali assai differenziate: basterebbe pensare, tanto per fare un esempio molto intuitivo, al fatto che le correnti adriatiche danno apporti differenti rispetto a quelle tirreniche.

D'acchito per lo più ci fermiamo ai vitigni internazionali, quelli che più o meno tutti conoscono, forse perché ci rassicurano anche nell'acquisto. Ma prendiamo lo Chardonnay. Quello friulano è contraddistinto da una mineralità diversa da quello coltivato in Sicilia: saranno sempre diversi pur essendo lo stesso vitigno. Bisogna però riconoscere che la grandezza di un vitigno internazionale risiede nel fatto che, pur piantato in ogni angolo di mondo, ti consente di riconoscerlo per un fondo identitario unico. Mentre la grandezza di quello autoctono è che l'abbiamo solo lì, solo in un ambito geografico specifico.

Può poi essere divertente scoprire la provenienza dei vitigni autoctoni. La Vernaccia, per esempio, che troviamo in Liguria, Toscana e in Sardegna, come è arrivata in queste regioni? Probabilmente sarà arrivata con gli spagnoli. Italiana oggi, si presume che possa essere la *grenache* francese e la *garnaccia* spagnola. È interessante anche notare che alcuni di questi, come in Puglia il Primitivo e il Negramaro, sono ormai vitigni che da soli fanno un brand.

Opportuno anche lasciare da parte i doppi sensi popolari, dalla Passerina (Abruzzo e Marche) al Durello (Veneto), i cui risultati non è dato sapere (anche se c'è chi lo abbina a crostacei, pronto a degustare chissà quali conclusioni di serata). Ma se così fosse, ben venga, potrebbe sostituire la chimica. E non scantoniamo neppure se sentiamo del Cacc'e Mmitte, vitigno del foggiano, per il quale peraltro il doppio senso non ha alcun risvolto erotico. Nell'epoca contadina questa uva alludeva al miracolo del «metti uva ed esce vino». La pianta è prosperosa e se ne ottiene una grande quantità di vino. E il Pecorino? Marche e Abruzzo, per conoscenza, e di nomi divertenti non ne mancano certo.

Lui: Un patrimonio unico del quale però da ben poco tempo si sente parlare. Forse perché, dopo la distruzione postbellica, durante la ricostruzione, si è mirato a viti solide e di grande produttività.

Giacomo: Dal Trebbiano al Montepulciano.

Lui: Esatto! Passami il bicchiere intanto che ti verso del vino. Affinata la tecnica e superata la prima fase dopo la guerra, si è tornati alla scoperta dei vitigni più difficili. Con l'opera degli agronomi si è riusciti a differenziare i vitigni a seconda dei cambiamenti climatici. Così l'effetto è stato quello di poter produrre tanti vini diversi. Lambrusco negli anni Sessanta,

Galestro e Pinot grigio nei Settanta e poi il Chianti classico negli anni Ottanta, *et voilà* il nostro mercato era quello.

Elena: Non sempre d'ottima qualità, anzi, tutt'altro: ci siamo anche giocati parte della reputazione con del Lambrusco in partenza per il Nordamerica, troppe volte di qualità dubbia, rovinandoci un mercato ricco che oggi si fatica a penetrare.

Lei: Ma le cose stanno pian piano cambiando: il vino italiano è al top, come produzione, ma quando vado all'estero ci resto molto male se vedo carte dei vini con pagine e pagine di francesi e l'Italia nella categoria "resto del mondo". E no, non possiamo essere trattati così. D'altra parte, la crisi economica da qualche anno ci sta favorendo. Quando si spendevano tanti soldi senza farci troppo caso, si prediligevano i francesi; adesso tutti stanno un po' più attenti e vedendo il rapporto qualità/prezzo degli italiani, abbiamo conquistato ampie fette di mercato.

Elena: Il top è ancora per alcune maison storiche francesi, ma anche loro stanno vivendo un momento di crisi. Nello Champagne alcune aziende non sono riuscite a smerciare l'intera produzione.

Lui: Ma se ormai si spumantizza quasi tutto!

Giacomo: È proprio così, anche in Italia abbiamo dei prodotti meravigliosi, come il Franciacorta e il Trento DOC, e si spumantizza di tutto e dappertutto: dalla Valle d'Aosta alla Sardegna.

Lei: In Campania spumantizzano il Greco di Tufo come

il Fiano, il Pecorino abruzzese viene trattato a spumante con successo. E, sempre all'estero, negli Stati Uniti in particolare, i vitigni autoctoni cominciano a essere amati. Prendi l'Amarone, fatto da vitigni autoctoni come il Corvina, il Rondinella e la Molinara, piace un botto!

Lui: Cara, ti ricordi a Los Angeles?

Lei: Ah, sì, è vero: qualche anno fa un ragazzo italo-canadese in Hollywood boulevard ha aperto un locale da caffetteria e cena, dove serve solo vini italiani da vitigni autoctoni, con alcuni nomi quasi sconosciuti perfino in Italia. Un locale che sta andando proprio bene e vende sia al bicchiere che alla bottiglia. Che so: si fanno arrivare vitigni di grande nome, Nebbiolo e Sangiovese, ma anche di piccoli, Nero di Troia, la Cococciola abruzzese.

Elena: E vedi se qualcuno in Italia non fa lo stesso!

Lei: Lo facciamo noi, allora.

Giacomo: Brindisi: agli autoctoni, che saremmo noi.

Tutti: Agli autoctoni, allora!

Gli autoctoni regione per regione

Il termine «autoctono» riservato a un'uva significa che quel vitigno è nato e si è sviluppato in un preciso luogo geografico, adattandosi al territorio che lo ha ospitato fin quasi a fondersi con esso. Così, come accade per i nobili casati, che vantano alberi genealogici che affondano nei meandri del tempo, anche l'uva autoctona, per essere tale, deve risiedere nel luogo di origine da parecchi anni.

In Italia possiamo vantare un patrimonio immenso di uve autoctone di consolidata tradizione, alcune molto conosciute, altre in via di estinzione. Rappresentarle tutte sarebbe impossibile, così come «costringere» certe varietà in un solo ambito regionale. Ma per conoscerne un po' più a fondo alcune si è operata una selezione per regioni dei vitigni principali.

Piemonte

Barbera Vitigno a frutto rosso da cui si ricava il vino omonimo nativo del Piemonte, diffuso soprattutto nell'Italia del Nord, dove dà origine a ben sette diverse DOC, di cui tre in Piemonte (Barbera d'Alba, Barbera d'Asti, Barbera del Monferrato). Contende al Sangiovese il primato di principale uva italiana per la produzione di vini rossi. Il Barbera dà vini rossi tannici, corposi e ricchi di acidità. Nella sua regione natale, il Piemonte, il vitigno viene normalmente vinificato in purezza, mentre in altre regioni il più delle volte è usato in assemblaggio. Si tratta di una varietà vigorosa che prospera in terreni sabbiosi e crete. Il suo nome, secondo una recente interpretazione, deriva dall'incrocio tra la parola «barba», usata per descrivere il suo complesso sistema di radici, e il termine dialettale «albéra», che sta a indicare i siti boscosi dove le viti furono impiantate in sostituzione degli alti alberi.

Grignolino Viene vinificato in quasi totale purezza. Produce vini chiari e delicati. Il Grignolino è un vitigno coltivato soprattutto nelle zone di Asti e del Monferrato Casalese. Il nome Grignolino (chiamato Barbesino ai tempi del Medioevo) può derivare da «grignola», un termine dialettale usato per indicare i semi dell'uva. Era molto apprezzato presso la corte dei Savoia.

Nebbiolo È uno dei vitigni più antichi: risale al 1200. È il nobile progenitore dei più grandi rossi piemontesi – Barolo, Barbaresco, Gattinara – e di una schiera di altri vini in Piemonte, Lombardia (Valtellina) e Valle d'Aosta. Si vinifica in purezza ed è senza dubbio una delle uve autoctone italiane più aristocratiche e conosciute. Sebbene alcuni sostengano che il Nebbiolo abbia avuto origine nelle zone collinose intorno alla città di Alba, documenti trovati recentemente e risalenti al 1200 già lo vedono citato lungo la via Francigena che da Torino, attraverso la valle di Susa, saliva fino al Monginevro. La presenza di tanti monasteri aveva favorito la coltura della vite, poiché il consumo di vino dei viandanti era considerevole. Molto spesso commercianti e pellegrini, che qui transitavano, portavano con sé, quali merci di scambio, barbatelle di viti: tra queste, molto probabilmente, anche quelle di Nebbiolo. È un'uva tardiva che viene raccolta verso metà ottobre o anche a novembre, quando la nebbia autunnale si snoda lungo le valli; proprio per questo si ritiene che l'origine del nome Nebbiolo derivi da nebbia.

Lombardia

Croatina Il vitigno pare sia originario dell'Oltrepò Pavese ed è noto fin dal Medioevo. La sua resistenza all'oidio gli ha fatto guadagnare terreno alla fine del XIX secolo. Oggi, viene coltivato per la maggior parte in Lombardia (nella zona dell'Oltrepò Pavese appunto). Nell'Oltrepò Pavese, nei Colli Piacentini e nel Roero questa varietà viene a volte chiamata Bonarda. Questo crea confusioni infinite per gli amanti del vino italiano, dal momento che la Bonarda è una varietà ben distinta.

Veneto

Glera Molto conosciuto e apprezzato sin dall'antichità, dà vini tranquilli (delicatamente profumati), frizzanti o spumanti. Alcuni sostengono che questa varietà corrisponda al mitico vino Pucino, che tanto piaceva all'imperatrice Livia. Coltivato in Friuli e soprattutto in Veneto, con l'esclusione delle province di Verona e Rovigo, dà origine al Prosecco DOC; nella storica zona collinare dell'Alta Marca Trevigiana, invece, dà origine al Conegliano-Valdobbiadene Prosecco Superiore DOCG, che comprende anche la pregiata sottozona del Cartizze. Il

Prosecco può essere Extra Dry (che è la tipologia classica e più diffusa), Brut (versione più moderna e di gusto internazionale) e Dry (amabile, la cui produzione più importante è il Superiore di Cartizze). Lo spumante viene ottenuto con una rifermentazione in autoclave che ne esalta i profumi e la freschezza, e che è alla base della bevibilità e della piacevolezza del Prosecco. Sebbene il Prosecco Spumante in Veneto sia l'aperitivo preferito, questo vino sta rapidamente conquistando consensi internazionali.

Durello La zona dove si coltiva il vitigno Durello ha un'antica storia viticola in quanto proprio nel comune di Vestenanova, a Bolca nell'alta valle dell'Alpone, si sono ritrovate viti fossili che si considerano le antenate delle attuali. Per quanto riguarda le origini del vitigno si segnala che già nello statuto della Comunità di Costozza, nel 1292, si menzionò unitamente alla Varadua, alla Drumasta e alla Sclava, la Durasena che si ritiene l'attuale Durello. Il vino, nei primi decenni del secolo scorso, si vinificava con macerazione delle parti solide e quindi oltre che acidulo (aspro), si presentava intensamente colorato e tannico (astringente). Verso gli anni Sessanta si passò decisamente alla vinificazione in bianco, ottenendo un prodotto-base molto gradevole e ottimale per la preparazione dello spumante.

Trentino-Alto Adige

Traminer Di origini asiatiche, è famoso soprattutto per un suo clone, il Gewürztraminer, che ha grande notorietà in Francia. Dà vini ricchi di profumi, eleganti e freschi. Il Traminer Aromatico è il nome con cui il Gewürztraminer è conosciuto in Italia. Molti studiosi sostengono che abbia avuto origine nelle vigne che circondano la cittadina di Termeno in Alto Adige. In questa regione bilingue, Termeno è anche nota come Tramin. Che la parola «Traminer» significhi «proveniente da Tramin» è un concetto che viene spesso sbandierato come asso nella manica quando si discutono le origini del Gewürztraminer. Il Traminer Aromatico italiano ha uno stile molto diverso da quelli prodotti in altri paesi. Generalmente parlando, esso ha uno stile più morbido, più gentile e più floreale dei suoi omonimi.

Marzemino Coltivato in Trentino, è di origine austriaca. Vinificato con altre uve, produce vini rossi dal gusto secco, vivaci e rustici. Il Marzemino sembra abbia fatto la sua comparsa nelle vigne intorno alla città di Padova, per poi espandersi in Veneto, Lombardia, Trentino, Friuli ed Emilia. La varietà viene immancabilmente collegata a Mozart, che si pensa abbia avuto una grande passione per questo vino. Quello che è certo è che il suo librettista, Lorenzo da Ponte, si è beato di questo vino al punto di citare l'eccellente Marzemino nel *Don Giovanni*.

Friuli

Picolit Originario del Friuli, ha dato per lungo tempo il più pregiato vino da dessert d'Italia. Sta risorgendo a nuova vita. Le origini di questo vitigno, la cui zona di produzione è limitata alle province di Gorizia e di Udine, sono incerte. Pare che sia arrivato sulla scena enologica grazie a un impeto di patriottismo alla fine del XVIII secolo, quando il conte Fabio Asquini creò un mercato per un vino dolce ottenuto da questa varietà, in alternativa al Tokay ungherese. Esportò poi il suo Picolit in Inghilterra, Francia, Germania e Austria e anche i vicini più prossimi, i Veneziani, non mancarono di esprimere il loro gradimento per il suo vino. Il nome della varietà deriva certamente dalla piccola misura dei suoi acini e dalle sue basse rese, che vanno attribuite al fatto che è vulnerabile all'aborto floreale.

Liguria

Pigato Il Pigato deriva il suo nome dalla trasposizione dialettale «pigau», che significa «macchiettato», ma alcuni lo farebbero derivare addirittura dal latino *picatum,* il vino aromatizzato con pece del tempo dei Romani. L'origine del Pigato in Liguria, e più precisamente nel Savonese, risale al XV secolo, ed è stato introdotto grazie ai fiorenti commerci tra l'antica repubblica marinara di Noli e la Grecia, in particolare la Tessaglia. Oggi si trova principalmente nelle province di Savona, di Imperia e di Genova.

Il Pigato ha colore giallo paglierino con riflessi dorati. Il suo bouquet svela sentori di pesca matura, erba e fiori campestri; note di muschio marino anticipano un sapore completo e gradevole.

Vermentino È un vitigno giunto in Liguria dalla Spagna nel 1300 ma lo si trova abbondantemente anche in Sardegna. Ben adattato alle caratteristiche locali, produce uve bianche di pregio che entrano nei vini delle Cinque Terre. Dà vini freschi, delicati, moderatamente aromatici.

Emilia-Romagna

Lambrusco Sebbene di origine antichissima, il Lambrusco ha sempre stentato a essere ben conosciuto e apprezzato fuori dalla sua zona di produzione, cioè nelle province di Reggio Emilia e di Modena. Vino dalla spuma vivace con sentore di violetta, i Romani chiamavano le viti selvatiche che crescevano ai margini (*labrum*) dei campi coltivati (*bruscum*) *labrusca vitis*. Con il tempo il nome diventò Lambrusco e l'appellativo si riferisce a una famiglia di viti, coltivate soprattutto nell'Italia del nord. Le più importanti, in termini di produzione di vino, sono il Lambrusco di Sorbara, il Lambrusco Salamino (così chiamato perché si dice che i suoi grappoli assomiglino a dei salami) e il Lambrusco Grasparossa (così chiamato per il suo graspo rosso). Dei tre, il Lambrusco di Sorbara produce il vino più leggero e gustoso, con dolci sfumature di succo di lampone. Il vino fatto con il 100 per cento di Lambrusco Salamino ha un colore scuro, quasi un porpora opaco con una vivace schiuma viola, aromi di frutta selvatica e corpo medio. Il Lambrusco Grasparossa è rubino, con schiuma color ciliegia. I suoi aromi sono i più ampi e i meno precisi dei tre. Il Lambrusco tradizionale era un vino del tutto secco, la cui spuma veniva prodotta con una seconda fermentazione in bottiglia, proprio come per lo Champagne. I progressi tecnologici degli anni Sessanta del secolo scorso hanno radicalmente cambiato il modello del Lambrusco: con l'introduzione del metodo Charmat, per i produttori divenne possibile aumentare drasticamente la quantità e rendere il vino dolce. È stato questo il modello, prodotto a livelli industriali, che, alla fine degli anni Settanta e nei primi anni Ottanta, ha letteralmente invaso gli Stati Uniti, dove è stato promosso come una specie di Coca-Cola italiana. All'apice del suo maggiore successo, il Lambrusco rappresentava circa il 50 per cento dei vini italiani importati negli Stati Uniti.

Toscana

Sangiovese di Toscana È un vitigno rosso molto diffuso. Diverso dal Sangiovese di Romagna, rappresenta la base di tutti i rossi toscani (Brunello e Rosso di Montalcino, Chianti, Nobile di Montepulciano, ...). Dà un vino di colore rubino con profumi di frutti rossi, molto strutturato e capace di invecchiare. È un simbolo della viticoltura italiana.

Vernaccia di San Gimignano Il nome Vernaccia può nascere da tante derivazioni. C'è chi sostiene provenga da *vernaculus*, un termine latino usato per definire tutto ciò che proviene da un certo luogo. Altro etimo lo collega a Vernazza, una città delle Cinque Terre in Liguria. Altri ancora trovano la sua origine in *vernaceus*, ovvero il vino che veniva usato dalla servitù. A ogni buon conto, Vernaccia è il nome di tre varietà del tutto distinte: due bianche (Vernaccia di San Gimignano e Vernaccia di Oristano) e una nera (Vernaccia di Serrapetrona).

Si pensa che la Vernaccia toscana sia stata piantata nei pressi della città di San Gimignano nel XIII secolo da Vieri de' Bardi, originario della Liguria. I vini prodotti con questa varietà trovarono quasi subito la strada verso le botteghe di Londra, dove venivano venduti con il nome di *Vernage*. La Vernaccia si fece apprezzare a tal punto che verso la fine del XV secolo, talee delle viti furono portate in Lombardia e nelle Marche. Tuttavia, la Vernaccia non prosperò adeguatamente lontano dalle colline temperate poste intorno a San Gimignano.

Marche

Pecorino Il Pecorino, una varietà che matura presto, preferisce i siti collinari freschi ed elevati. La ragione per cui questo vitigno condivide il nome con il noto formaggio omonimo rimane incerta, ma può riferirsi ai movimenti stagionali dei pastori e delle loro greggi, che tradizionalmente avvengono nelle regioni dove appunto si trova il vitigno Pecorino. I vini a base di Pecorino hanno un buon tasso di alcol e di acidità, pertanto posseggono il potenziale per invecchiare bene.

Verdicchio È la principale uva bianca delle Marche. Colore paglierino e profumi delicati, ci dà un vino con un gusto fresco, piacevole, dal retrogusto amarognolo. Verdicchio è un nome che deriva probabilmente dai riflessi verdognoli del vino che può raggiungere con facilità i 13 gradi e, quando il raccolto è sotto controllo e la vendemmia seguita con cura, i vini prodotti da questa varietà hanno una buona struttura, un'alta concentrazione e una squisita tendenza al sapore di albicocca, che completa la nota minerale-salata che è la sua prerogativa. Il suo carattere versatile – non molto differente dallo Chardonnay – lo rende adatto a molte versioni: dallo spumante secco ai freschi e gustosi vini di pronta beva, fino a quelli di maggior peso (a volte in rovere) e ai passiti da dessert. Non sorprende perciò che rappresenti circa i due terzi della produzione delle Marche. Le sue due maggiori aree piantate a vigna sono intorno alla città medievale di Jesi e al borgo di Matelica.

Vernaccia di Serrapetrona Questa varietà si trova in Umbria e nelle Marche. La DOC più conosciuta è la Vernaccia di Serrapetrona, i cui 40 ettari di vigne si trovano nei pressi della omonima cittadina in provincia di Macerata, a circa 30 chilometri da Ancona. Le vigne si distendono a un'altitudine media di 500 metri sul livello del mare. La zona interessata alla produzione di questo vino spumante DOC è limitata a una ristretta area con al centro il comune di Serrapetrona. Rientrano nella zona di produzione anche i comuni di Belforte del Chienti e di San Severino Marche. Questo vino viene, oggi come un tempo, prodotto in quantità limitata e scrittori di fama, come Mario Soldati, o gastronomi illustri ne hanno celebrato le virtù.

Umbria

Grechetto Il Grechetto è un vitigno della famiglia dei Greco. Sotto la denominazione Grechetto sono compresi alcuni vitigni che hanno caratteristiche spesso molto diverse. Presero questo nome perché durante il Medioevo le uve servivano a produrre vini simili a quelli che venivano importati dal Mediterraneo orientale. In Umbria (dove è soprattutto coltivato in provincia di Perugia), viene vinificato come varietale nelle zone dei Colli Martani, Assisi, Colli del Trasimeno e Colli Perugini, ed è una delle componenti di molti bianchi secchi della regione, inclusi il Bianco di Torgiano, il Montefalco Bianco e l'Orvieto.

Sagrantino È il vitigno a frutto rosso autoctono

giunto a Montefalco nel Medioevo grazie ai frati francescani, proveniente dall'Asia Minore. Due le tipologie di vino che se ne ricavano: secco e passito. Il secco ha colore rubino tendente al granato, dal profumo di more di rovo e dal gusto caldo e speziato. Il Sagrantino di Montefalco è uno dei grandi vini rossi italiani. Il vitigno del Sagrantino può essere stato portato nella città umbra di Montefalco dai Francescani spagnoli. C'è anche chi ritiene che ci sia San Francesco stesso all'origine della sua presenza nella città. Altri teorizzano che sia stato importato dai monaci bizantini dalla Grecia durante il Medioevo. Il nome Sagrantino potrebbe derivare da «sagrestia» o «sacrestia», tenendo conto che «sacro» e «sagra» hanno la stessa radice etimologica. Le viti di Sagrantino preferiscono esposizioni a sud e suoli ricchi di calce. La sua zona di produzione è rappresentata da pochi comuni in provincia di Perugia, di cui il più importante rimane Montefalco. L'area di produzione è limitata ai pendii collinari in buona esposizione di Montefalco e di Bevagna, Gualdo Cattaneo, Castel Ritaldi e Giano dell'Umbria.

Lazio

Trebbiano Del Trebbiano abbondano ancora le vigne italiane, soprattutto nel Lazio, ma anche francesi, tanto che è il vitigno più coltivato al mondo. È un vitigno bianco classico che, usato in purezza, produce vini magri e neutri che ben si combinano con varietà aromatiche. Il nome Trebbiano comprende una vastissima famiglia di vitigni. I più importanti, in termini di vinificazione italiana, sono il Trebbiano Toscano (noto in Francia come Ugni Blanc), il Trebbiano di Soave (anche noto come Verdicchio) e il Trebbiano Romagnolo. C'è chi sostiene che il nome «Trebbiano» possa derivare dal fiume Trebbia, un affluente del Po; altri invece lo fanno derivare dal termine latino *Trebulanum*, nome con cui venivano designati certi vini di villaggio al tempo di Roma antica; altra ipotesi lo fa derivare da *Tribulanum*, un vino che lo scrittore latino Plinio segnalò nei dintorni di Napoli.

Passerina Le origini di questo vitigno sono incerte. Condivide, tuttavia, parecchi fattori genetici con il Trebbiano Toscano, da cui potrebbe essere derivato. Si trova nelle Marche, Abruzzo, Umbria e Lazio, dove viene usato in piccole percentuali in alcuni bianchi. La Passerina, come altri vitigni della sua famiglia, deve probabilmente il suo nome alle piccole dimensioni dei suoi acini. Al naso offre note di mela verde e, per qualcuno, ci sono tracce minerali in bocca. Oggi la maggior superficie coltivata a Passerina si trova nel Lazio in provincia di Frosinone.

Abruzzo

Montepulciano d'Abruzzo Varietà scura dominante in Abruzzo, che sta guadagnando favore anche in altre regioni. Dal Montepulciano si ricava un vino strutturato, ricco di colore, profumo fruttato. Ha origine in Abruzzo, nel XIX secolo, e si è diffuso in Puglia, nelle Marche e nel Lazio. Il Montepulciano è una vite che dà vini fruttati con tannini naturalmente morbidi. Il buon livello di alcol e di estratti conferisce al vino una potenzialità persino più grande del Sangiovese, perché ne nascono vini gradevoli al palato, capaci di porsi ad alto livello nello scenario enologico nazionale e internazionale.

Il Montepulciano occupa circa la metà del terreno coltivato a vite in Abruzzo ed è la base di quasi tutti i rossi DOC della regione. Il Montepulciano d'Abruzzo viene fatto con almeno l'85 per cento del vitigno omonimo, ha una gradazione minima di 11,5 gradi e deve essere invecchiato per almeno cinque mesi. La versione rosé di questo vino viene chiamata Cerasuolo.

Campania

Falanghina Questo vitigno bianco tipico della Campania è famoso per entrare nella vinificazione di tutti i maggiori vini bianchi della regione. In aggiunta ad altre uve, forma vini bianchi dal profumo vinoso e gradevole e dal sapore asciutto e sapido. Molti ritengono che sia stata una componente del Falerno, il pregiato vino campano che bevevano gli antichi Romani. Le sue fortune, tuttavia, si sono affievolite con il passare del tempo. Ebbe a patire durante l'epidemia di fillossera agli inizi del XX secolo e continuò a perdere terreno dopo le due guerre mondiali, quando molte delle sue vigne furono abbandonate. Il merito della sua riscoperta e tutela dall'estinzione va in gran parte attribuito a Francesco Avallone che, nel 1963, fondò il podere Villa Matilde con l'esplicito proposito di ridare vita alle antiche varietà della zona di Falerno.

Fiano Chiamato *Apianum* dagli antichi Romani, dà l'elegante e raffinato Fiano di Avellino. Questa antica varietà dell'Italia meridionale ha avuto origine nell'area intorno a Lapia, un borgo situato sulle colline a est di Avellino. La struttura del vino che si ottiene lo rende idoneo a un considerevole invecchiamento e le uve sono adatte all'appassimento. Come molte varietà di vitigni che si caratterizzano per la qualità e per la bassa produttività, anche il Fiano stava per estinguersi. Fortunatamente per gli amanti del vino, Antonio Mastroberardino nei primi anni Settanta del secolo scorso intervenne per salvarlo. Questo vino viene prodotto nelle versioni ferma e secca e in quella spumante, che può essere demisec o solo dolce.

Greco Come indica il nome, è un vitigno di origine greca, coltivato soprattutto in Campania (Greco di Tufo), in Calabria (Greco Bianco o Cirò Bianco). I vitigni Grechetto e Grecanico mostrano molte similitudini. Nell'VIII secolo a.C., durante la colonizzazione dell'Italia meridionale da parte dei Greci, alcuni viaggiatori approdarono sulle coste calabre e campane portandosi dietro un carico prezioso di semi e ceppi di vite, quelle dell'odierno Greco.

Puglia

Primitivo Si ritiene che il Primitivo abbia origini dalmate. Altre ricerche sostengono invece che sia stato importato in Puglia (la regione italiana in cui è più coltivato) oltre 2000 anni fa. Altri ancora affermano che il Primitivo arrivò nella regione alla fine del XVII secolo e che l'area coltivata con questo vitigno subì una forte espansione nel XIX, quando venne piantato nelle vigne decimate dalla fillossera. La zona del Primitivo di Manduria si trova nella penisola del Salento ed è limitata a un'area che comprende pochi comuni (tra cui Manduria) nelle province di Taranto e Brindisi. Il vento caldo che soffia permanentemente attraverso la penisola contribuisce a mantenere in salute le vigne impedendo la formazione di muffe, mentre l'estrema diversità di temperatura tra il giorno e la notte fa sì che le uve maturino più lentamente, ma questo non impedisce che raggiungano il pieno sviluppo degli aromi e dei sapori. Il vino che viene elaborato con base esclusiva di Primitivo è decisamente strutturato con aromi fruttati di more speziate. Ha una gradazione minima di 14° e un invecchiamento obbligatorio di nove mesi.

Basilicata

Aglianico È un aristocratico vitigno rosso di origine ellenica e dà origine al campano Taurasi e all'Aglianico del Vulture. Molto diffuso in Basilicata, l'omonimo vino presenta un gusto secco e robusto. All'Aglianico viene spesso dato l'epiteto di «Barolo del Sud». La sua versatilità ne fa uno dei più importanti vitigni meridionali e dai suoi grappoli hanno origine vini di grande qualità: dai rosé vivaci, fruttati e di buona beva ai rossi ben strutturati, morbidi e longevi. Con molta probabilità la varietà è stata portata in Italia dai coloni greci durante l'VIII secolo a.C. e si ritiene che il termine «Aglianico» sia una variazione della parola Hellanico o Hellenico.

Sicilia

Inzolia È un vitigno bianco, tipico siciliano. Serve nella preparazione di vini secchi da tavola dal carattere deciso come il Corvo, il Regaleali e il Marsala. Il vino che si ricava è fruttato, secco, strutturato e molto piacevole. Si ritiene che questa varietà sia originaria della Sicilia, che rimane tuttora il suo feudo. In passato veniva principalmente usata nella composizione del Marsala oppure veniva commercializzata dove era necessario aggiungere alcol e corpo a vini di altre regioni. In anni recenti, i produttori siciliani hanno cominciato ad apprezzare il potenziale della varietà nella produzione di bianchi affascinanti.

Nero d'Avola C'è una seducente selvatichezza in certe varietà autoctone italiane, che le rende decisamente più interessanti rispetto ai vigneti classici diffusi in tutto il mondo. I loro aromi sono autentici e irripetibili, ma sempre in evoluzione: echi e suggestioni si accavallano e si danno il cambio sul palato con allettante eleganza. Il Nero d'Avola è uno di questi protagonisti. La sua fragranza è sempre gradevole, con sfumature di mirtillo che si fondono con i toni più decisi delle bacche selvatiche. I suoi tannini sono soffici e il suo corpo morbido. Come tutte le varietà più eleganti dei vitigni autoctoni, il Nero d'Avola è in grado di soddisfare tutti i desideri del suo vinificatore.

Sardegna

Cannonau Le origini e la provenienza di questo vitigno non sono conosciute con certezza assoluta, ma tutti sono concordi nell'ipotizzarne la comparsa in Sardegna fin dall'inizio della dominazione spagnola sull'isola. Comunque stiano le cose, il Cannonau ha di fatto trovato in Sardegna un habitat ideale, godendo dell'immediato favore dei viticoltori locali che lo hanno diffuso praticamente in ogni angolo dell'isola, fino a fargli ricoprire circa il 20 per cento di tutta la superficie vitata del territorio.

8

CANTINE STORICHE E ITINERARI

Elena: Dopo il brindisi un gioco, vi va?

Lui: Dipende dal gioco (*con voce un po' ammiccante*).

Lei: Non fare lo scemo. Una garetta che io ed Elena abbiamo pensato per voi, pronta pronta.

Giacomo: Già vedo del pericolo, ma se così volete... Pronti.

Elena e lei: Pronti?

Giacomo e lui: Nostro malgrado.

Lei: Storia o geografia?

Giacomo: Siamo a scuola?

Elena: Sì, storia o geografia del vino?

Lui: Iniziamo dalla storia. Domanda secca, risposta secca?

Lei: Sì, caro, tutto secco e sennò si resta all'asciutto.

Elena: Si parte. Cantina piemontese del 1340.

Giacomo: Ma neanche al trivial...

Lei: Taci e rispondi.

Lui: Un aiutino?

Lei: Ma neppure ci provi. Un altro indizio vi costa un bicchiere.

Giacomo: Dicci.

Elena: Noto capitano d'industria ampiamente imitato con successo da Crozza.

Lui: Cordero di Montezemolo.

Elena: Bravi, le origini di questa casa vinicola ci portano al 3 aprile 1340 quando Pietrino Falletti, grazie a un prestito concesso al comune di Alba, diventa proprietario del comune di La Morra.

Giacomo: Controdomanda per voi gentildonne, allora: 1340 e motori?

Lei: Non saprei...

Giacomo: Modello di Harley Davidson molto richiesto sul mercato soprattutto dell'usato. La sapevate questa?

Così il gioco potrebbe continuare perché la storia enologica si intreccia a quella più generale dell'uomo. Andando allora a scrutare le carte d'identità delle nostre case vinicole scopriamo quelle più antiche per poi stilare uno sfizioso e curioso ordine di apparizione, utile a un ideale trivial enologico. E vediamo allora le cartelle relative a questo gioco qui inventato su due piedi.

Veneto: *Dominio di Bagnoli* (954)

Tenuta di proprietà Borletti, l'azienda ha da sempre cercato di valorizzare la produzione di vini locali, in particolar modo del Friularo, per mantenere la tradizione di un vino di qualità tipico del padovano, e una vocazione produttiva e territoriale, di rinomanza millenaria, che altrimenti andrebbero perse.

Nello stesso anno muore re Erik I Haraldsson, detto il Sanguinario, sul trono della lontanissima Norvegia dal 930 al 934 e poi in Northumbria dal 948 fino alla morte.

Toscana: *Badia a Coltibuono* (1057)

Badia a Coltibuono ovvero «l'abbazia del buon raccolto», fu fondata dai monaci vallombrosani circa mille anni orsono, quale luogo di culto e di meditazione. Nel 1057, i monaci dell'ordine di Vallombrosa iniziarono a costruire questo monastero del Buon Raccolto piantando le prime vigne.

Qualcuno conosce Mac Bethad mac Findlaich? Tutti, se solo pronunciassimo il nome inglese con cui regnò sulla Scozia dal 1040 al fatidico 1057, anno della sua morte. Macbeth.

Puglia: *Duca Carlo Guarini* (1065)

La famiglia, di lontane origini normanne, è giunta nelle terre del Salento intorno all'anno Mille. Strenui difensori della cristianità, ben presto si accorsero della possibilità che quella terra offriva loro e la tradizione vinicola ebbe così inizio.

Qui è un po' difficile, non ci sono fatti storici di rilievo. Allora si potrebbe adottare una variante tipo: 1065, calibro di un famoso Rolex, il Turn-O-Graph che può montare il raro quadrante Serpico y Laino.

Toscana: *Barone Ricasoli* (1141)

Ricasoli è un nome legato al vino fin dal 1141, anno in cui il Castello di Brolio entrò in possesso della nobile casata. Fu il barone Bettino Ricasoli (1809-80), politico e imprenditore, vitivinicolo di grande lungimiranza, il fautore del vino oggi più famoso nel mondo: il Chianti.

Storicamente? Nello stesso anno muore Alberico di Reims, filosofo e arcivescovo cattolico francese, esponente di spicco della corrente filosofica nota come Scolastica (quella di san Tommaso d'Aquino, per intendersi).

Alto Adige: *Abbazia di Novacella* (1142)

Un abate agostiniano, il beato Hartmann, proveniente d'oltralpe, dall'Austria per la precisione, fondò l'abbazia che ebbe grandi proprietà terriere da subito adibite alla coltivazione della vite. E dalla vite al vino il passo è breve. Oggi l'antica tradizione è più che mai attiva.

E cosa succede in quello stesso anno? A proposito di abati, abazie e cristianità più in generale, il 1142 segna l'inizio della Reconquista spagnola, il cristianesimo inizia a riappropriarsi delle terre iberiche in mano agli arabi.

Toscana: *Marchesi Frescobaldi* (1300)

Una famiglia fiorentina dedita da trenta generazioni alla produzione di grandi vini toscani. Obiettivo ben chiaro in testa: essere il più prestigioso produttore toscano di vino, nel rispetto del territorio. I Frescobaldi credono fermamente nell'eccellenza delle proprie uve e nella professionalità delle risorse umane. Quando cominciano? Nel 1300 tondo tondo.

Anno fatidico, non solo per la sua "rotondità". Un conterraneo illustre dei Frescobaldi decide di fare un viaggetto noto in tutto il mondo proprio in questo stesso anno. Destinazione? Inferno, Purgatorio e Paradiso. Il viaggiatore è Dante che data al 1300 il suo viaggio nell'Aldilà, la famosa *Divina Commedia*.

Toscana: *Antinori* (1385)

1385, Giovanni di Piero Antinori entrò a far parte dell'Arte Fiorentina dei Vinattieri. In tutta la sua lunga storia, attraverso ventisei generazioni, la famiglia ha sempre gestito direttamente questa attività con scelte innovative e talvolta coraggiose ma sempre mantenendo inalterato il rispetto per le tradizioni e per il territorio.

Così, mentre in Toscana gli Antinori iniziavano a farsi valere, a Milano vengono allestiti i cantieri per la costruzione del Duomo, quello che si ammira oggi con tanto di Madunina.

Sicilia: *Feudo Montoni* (1469)

Centro della tenuta è il baglio, una tipica costruzione siciliana del 1469 e da allora gli si stendono intorno verdi filari che raccontano la storia di vini magnificamente prodotti. E nel 1595 nel *De Naturali Vinorum Historia* l'agronomo pontificio Andrea Bacci già elogiava il vino delle suddette terre come «un vino rosso, potentissimo, di piacevole odore e sapore, capace di lunga conservazione».

1469: Lorenzo il Magnifico assume la signoria di Firenze e ha così inizio un'epoca d'oro che gli storici definiscono Rinascimento.

Friuli: *V.G. Villanova* (1499)

L'atto di nascita della Tenuta Villanova data 5 aprile 1499 ed è leggibile in una pergamena conservata nell'archivio del Seminario di Gorizia. «Per tutti i mansi che il Capitolo di Aquileia possiede in Sabrida [oggi Mainizza] e Villanova viene rinnovato l'affitto a Pietro di Strassoldo.» Cosa poi si coltivasse nei mansi di cinque secoli fa non si sa con precisione, ma sicuramente anche la vite la cui presenza è certa fin dall'epoca romana.

Nello stesso anno compie il suo primo viaggio Amerigo Vespucci lungo le coste dell'America del Sud. Individua, tra l'altro, la laguna di Maracaibo, ribattezzandola «piccola Venezia», da cui il nome Venezuela.

Lei: Mi dai una mano, Giacomo, a sparecchiare la tavola?

Lui: Aspetta, vengo io con te, voi intanto raccogliete tutto e poi io e Giacomo vi interroghiamo. In geografia.

Elena: Lasciate stare, facciamo noi.

Giacomo: Sì, cara, grazie.

Lui: Bevuto abbiam bevuto, e proprio bene, non vi pare?

Giacomo: Hai ragione. Ma cos'è questa storia della geografia?

Lui: Abbiamo viaggiato tutti abbastanza da poter indicare in Italia alcuni itinerari che in fatto di vino non possono non essere passati in rassegna, almeno prima del brindisi finale.

Lei: (*rientrata*) Cosa state confabulando?

Giacomo: Siediti e parliamo allora di geografia.

Così come in storia, la geografia italiana dei vini è tanto vasta quanto varia e ricca di sorprese. Si potrebbero tracciare tanti itinerari diversi da seguire per andare sulla buona strada di un buon vino.

E il primo, non solo perché probabilmente quello più a nord, potrebbe essere *Strade del vino dell'Alto Adige e del Sud Tirolo* (http://www.suedtirolerweinstrasse.it/italiano/manifestazioni/). Nell'arco di un mese, infatti, le proposte sono molteplici, da degustazioni in piazza con i bianchi alto atesini con richiesto *dress code* e in *total white* al tramonto! E che dire di *Vino&Bici* (http://www.suedtiroler-weinstrasse.it/italiano/vino---bici/), indicazione preziosa di percorsi sulle due ruote fra le piazze e le aziende della zona dove degustare e comprare. Fra l'altro, comprare direttamente nelle aziende locali non è poi un ostacolo: anche se andate in treno, con bicicletta al seguito, sappiate che vi spediscono con grande facilità tutto a casa!

E se il Trentino rassicura sul piano delle offerte, non bisognerebbe neppure mancare di fare un giretto per le Langhe, in Piemonte. Visitare le piccole e prestigiose aziende della zona, respirare l'aria goliardica e dissoluta che alcuni dei Savoia hanno lasciato lì, potendo recarsi tra l'altro alla casa della «bella Rosina», prima amante e poi sposa di Vittorio Emanuele II. Andare a visitare il Museo dei cavatappi (http://www.museodeicavatappi.it/) a Barolo in provincia di Cuneo, con oltre 500 esemplari, alcuni datati 1600.

Ma per gli amanti delle belle arti, ci sono pregevolissimi design e architetture da osservare. Una foto ricordo va fatta in località Brunate, in una delle più prestigiose vigne de La Morra, dove si erge una piccola cappella tutta colorata, che sembra ricordare le accese e vivacissime chiese messicane. È stata costruita da un contadino all'inizio del secolo scorso e ora si mostra con un *restyling* favoloso, opera dell'artista inglese David Tremlett, che ha decorato l'interno, mentre il suo amico americano, Sol Lewitt, ha lavorato all'esterno e chissà perché mai la chiamano la cappella del Barolo.

Andando più a sud, fermiamoci nel cuore verde d'Italia, in Umbria, altra regione meravigliosa che regala itinerari interessanti a chi, come tanti insieme a me, è anche un grande amante della musica. Da anni festival di musica, di arte e di cultura si intrecciano a incontri sul vino, manifestazioni e degustazioni.

L'Umbria Jazz è ormai un'istituzione a livello mondiale, diventata più grande di molti altri festival. Per cui, se al festival del Jazz di San Sebastián in Spagna ascolti ottima musica e fai il giro dei bar, prendendo i famosi *pintxos* (prelibatezze che possono variare da crostini, tortille, frittate, rustici, ma anche bicchieri di ottimo vino), l'Umbria Jazz ha il merito di aver fatto conoscere una regione ospitando grandi musicisti. Ma le bellezze vere sono quelle intorno a Perugia per mangiare e bere dell'ottimo vino in paesini come Bevagna, Montefalco, Gualdo Cattaneo, Castel Ritardi e Giano nell'Umbria (tutti nel cuore della DOCG Sagrantino di Montefalco). Ora, se proprio vuoi andarci, e lo consiglio vivamente, il momento migliore è l'ultima domenica di maggio durante gli incontri nelle «Cantine aperte»; ma vacci dal giorno prima, prenotando tutto il prenotabile, per goderti il tramonto tra le vigne in fibrillazione per *Aspettando il Sagrantino*, concerti in mezzo alle vigne e degustazioni di qualità.

Nel centro Italia, oltre all'Umbria, non si possono

non ricordare le *Strade del vino* dell'Abruzzo. Sono diverse e ai percorsi sono associati sempre spettacoli ed eventi, per lo più durante la stagione estiva. Percorsi da fare in automobile, ma anche a piedi o in bicicletta per chi, e sono sempre di più, ama coniugare buona tavola e attività all'aria aperta.

Strada del Vino di Controguerra
Strada del Vino Colline del Ducato
Strada del Vino Tremonti e della Peligna
Strada del Vino Colline Teatine
Strada del Vino Colline Aprutine
Strada del Vino Tratturo del Re

Per chi poi a luglio si trovasse sulla costa teatina, nella cittadina di Tollo, in provincia di Chieti, è bene non lasciarsi sfuggire la *Settimana del vino* all'interno della Cantina Sociale, autentico centro cittadino: ogni sera concerti, cabaret, degustazioni e, nella serata finale, fuochi pirotecnici d'autore.

In più, da quest'anno, nella cittadina di Navelli, in provincia dell'Aquila e a tutti nota perché uno dei massimi centri di produzione dello zafferano, si svolge *Naturale,* la prima fiera del vino naturale e artigianale, con seminari, conferenze e percorsi liberi di degustazione.

E poi, ritornando sulla costa, ma questa volta verso nord in provincia di Teramo, bisognerebbe fare un salto nei primi giorni di agosto a Montepagano, un piccolo e affascinante borgo medievale collocato sulle alture intorno a Roseto degli Abruzzi, durante la settimana della *Mostra del Vino*: già solo la veduta dai diversi punti panoramici (preferibilmente con un calice in mano) vale il viaggio fin lì.

E poi chi è che non passa per Roma? Questa città negli ultimi anni è molto attiva per venire incontro a chi ama il buon vino. Dalle piccole trattorie, bar ed enoteche si possono vedere cartelloni in centro che propagandano serate di degustazioni e cene con vini in abbinamento, laziali e non. Ma se volete ancora di più, basta andare alla sede di *Bibenda* (www.bibenda.it) presso l'Hotel Hilton di Montemario, dove ogni giorno ci sono corsi, seminari e banchi di degustazione da poter seguire. Quindi, fossi un turista in quel di Roma, non esiterei un attimo: prenderei un taxi e arriverei fin lì. I vini sono selezionati e di qualità ma c'è anche la possibilità di effettuare eccellenti degustazioni di olio extravergine d'oliva e, perché no?, anche di birre, con un buon occhio alle scelte estere.

Se poi vi trovate dalla parte opposta di Roma, in zona Ostiense, è fresco di apertura *Eataly* (www.eataly.it). Ci sono 17.000 metri quadrati, 4 piani di degustazioni di prelibatezze e un piano intero dedicato alle birre artigianali e ai vini che si possono acquistare anche sfusi; acquisto sociale poi per i pensionati con un 10 per cento di sconto. Questo è il contatto utile per conoscere la *Filosofia dei Vini*

Liberi. E anche qui ogni giorno ci sono corsi di degustazione e di cucina. Inoltre, i commessi indossano simpatiche t-shirt con frasi tipo: CHIEDETEMI PURE, LI HO ASSAGGIATI TUTTI! Ma *Eataly* è una realtà presente anche a Milano, Torino, Genova, Bologna, New York e Tokyo.

Ora, un tuffo più deciso verso il mezzogiorno d'Italia, nel cuore del Mediterraneo. Sicilia! E tutte le isole minori della regione.

Per chi ama il vino Marsala e per chi ancora non ne conosce l'esistenza, una tappa alle isole Egadi è d'obbligo, tra Favignana, Levanzo e Marettimo, dove primeggiano piatti di forte tradizione come il tonno marinato, l'immancabile pesce spada alla griglia, presente in tutte le carte, e il cous cous combinati variamente con i vini siciliani. Mentre con il Marsala ci si marinano molte pietanze. Posso esagerare? Principesco poi in abbinamento con un grande sigaro e altrettanto regale dopo una giornata di mare e spiaggia, magari stanchi del kitesurf sulle acque fra le isole, degustare con la dovuta calma un Marsala *on the rocks*... Fatelo, se potete, e non potrete che essere d'accordo con me.

Ma se il vostro gusto è più soft, allora siete tipi da Moscato o Passito, rigorosamente di Pantelleria. L'isola di Pantelleria, più vicina all'Africa che alle coste italiane, si mostra in ogni suo scorcio con il suo aspetto più selvaggio e indomito. Attenzione, però, maneggiare con cautela: queste caratteristiche così spiccate possono condurre seriamente all'innamoramento. Molte aziende piccole e grandi sono presenti sull'isola, ed è possibile visitarle e acquistarne i prodotti. Fatto questo, la miscela giusta è: portare via i vini e degustarli nel giardino di un dammuso preso in affitto (l'unico modo per vivere veramente l'isola). In alternativa, e che alternativa, portarli in buona compagnia, nelle chiare notti estive dell'isola, e degustare davanti all'insenatura di Gadir con le sue piscine naturali e le palme africane meravigliose che sovrastano Villa Armani. Mi raccomando, però, portatevi pure il costume sbagliato ma sempre il bicchiere giusto!

Le Eolie poi sono un vero e proprio paradiso per gli amanti del buon bere: da Stromboli a Vulcano, da Panarea alla più grande Lipari e alle più lontane Filicudi e Alicudi, senza dimenticare mai di approdare anche a Salina. Una volta lì, affittando una bicicletta o uno scooter, bisogna arrivare fino a Lingua di Salina dove sul lungomare c'è un piccolo bar famoso ormai in tutto il mondo per il suo pane cunzato (pane condito) e le famigerate granite, e famigerate è l'aggettivo giusto. E se volete godervi un po' di brezza sotto i loro ombrelloni, chiedete anche del Passito ben ghiacciato; insieme ad alcuni gusti di granita è un abbinamento che scorderete difficilmente: Passito di Pantelleria e granita alla pesca su tutti!

Lei: Bene, la cena è quasi finita ma ho ancora qualche sorpresa per voi.

Elena: In aggiunta a tutto quello che hai già fatto?

Lui: Sì, sarà una vera e propria sorpresa. Ma sediamoci più comodamente in salotto, cosa ne pensate?

Giacomo: Mi sembra un'ottima idea. Parlare di percorsi e itinerari enogastronomici mi ha messo una gran stanchezza!

Lei: Venite di là, so quel che ci vuole per chiudere in bellezza!

9
COCKTAIL A BASE DI VINO

Molti ancora si stupiscono della possibilità di preparare cocktail a base di vino e alcuni barman sono così categorici da affermare che comunque non cambieranno il panorama dei drink. Non ne sarei così convinta, soprattutto perché già da tempo molti cocktail famosi hanno una versione un po' più soft e più aromatica basata sul vino, rosso, bianco, rosé o bollicine che sia.

Per chi non ama stonarsi troppo con i cocktail ma, soprattutto, vorrebbe poterne assaggiare più di uno, il drink a base di vino è l'ideale perché il fondo alcolico di partenza è meno della metà di quello più normalmente usato tra gin, vodka, rum e whiskey. È vero che gin o vodka sapientemente mischiati o shakerati con giusti ingredienti, per lo più a base di frutta, danno la sensazione al palato di non essere così aggressivi (come per esempio nel Pimm's con base anche cetriolo e agrumi) ma la gradazione alcolica non cambia anche bevendo una versione ancora più morbida, come il Pimm's Lemonade!

Una delle frasi più famose al mondo nell'universo dei cocktail è quella pronunciata da James Bond in *Casino Royal* quando l'eroe di Ian Fleming chiede il celebre *Martini Vesper,* variante del Cocktail Martini. «Shaken not stirred» dice lo 007 più visto al mondo, prima di dare lui stesso la composizione del cocktail:

– una parte di Vodka
– due parti di Gordon's Gin
– mezza parte di Kina Lillet

Shakerarlo bene finché è gelato
E servirlo con una bella buccia di limone
In una profonda coppa di Champagne
Go for it!

Parlare di cocktail senza menzionare quello più famoso non si poteva fare, così come non si può non ricordare che, a essere precisi, il Martini altro non è che un vino aromatizzato.

Un altro accenno lo devo al *Manhattan* che è il cocktail più citato fra cinema e serie tv (da *A qualcuno piace caldo* a *Sex and the City*) così come in un episodio dei Simpson quando Burt viene messo alla prova per realizzare un ottimo Manhattan.

Si tratta, come per il Martini Vesper, di un tipico cocktail pre-dinner e prevede:

– due parti di Vermouth rosso
– cinque parti di Rye Whiskey (che può essere sostituito con il Canadian Whiskey o con il Burbon Whiskey per renderlo più leggero)
– una goccia di Angostura
– una ciliegina al maraschino per guarnire

E di nuovo in questo caso, se proprio la vogliamo dire tutta, anche il Vermouth rosso è un vino aromatizzato.

Ma allora cos'è un vino aromatizzato?

Un vino base di almeno 10° gradi alcolici complessivi, al quale viene addizionato un infuso di erbe e spezie aromatiche. La formazione prosegue con un'aggiunta ulteriore di alcol o di acquavite di vino per raggiungere la gradazione prevista dalla normativa. E, infine, viene mescolato del saccarosio per addolcire in fase finale alcune parti troppo amarognole.

Per la produzione del vino aromatizzato viene utilizzato il Trebbiano di Romagna.

La differenza fra il Vermouth rosso e quello bianco? Che nel primo c'è un'aggiunta di caramello, e quindi il bianco risulta più secco!

Dopo aver detto dei cocktail già consolidati da una ricca letteratura che hanno una base di vino aromatizzato, dobbiamo parlare della nuova tendenza. Quella che vede sempre più presenti i cocktail a base di vino fra i classici e i nuovi.

Fra i classici, uno su tutti sta spopolando: il *Bellini*. Molto amato dalle donne e semplice da fare in casa con i giusti accorgimenti, il Bellini risulta gradevolmente fresco visti i suoi ingredienti:

– Prosecco
– purea di pesche fresche, ma che siano rigorosamente pesche bianche mature e che la polpa sia schiacciata e non frullata, ed è tutta lì la differenza
– infine un po' di zucchero.

Il Bellini poi ha molte varianti a seconda del frutto al quale si associa il Prosecco e si chiamano:

– Puccini (con succo di mandarino)
– Rossini (con purea di fragole fresche)
– Tintoretto (con spremuta di melograno)

Tutte queste derivazioni nascono dal fatto che la frutta di base per questo cocktail deve essere sempre quella di stagione, e allora si sono individuati altri frutti, oltre le pesche, che sposano bene il Prosecco e si esaltano a vicenda!

Restiamo per un momento nei cocktail con frutta: tanti anni fa nasce a San Francisco, nel prestigioso Elixir Saloon, un altro cocktail divenuto molto famoso nel tempo: il *Watermelon Pepper*. È uno dei più bevuti in Nord America, soprattutto come accompagnamento ai pranzi all'aperto fatti al barbecue. La sua combinazione originale prevedeva come base il Gin, ma è stata ideata una variante molto piacevole che è quella con vino bianco:

- frullato di anguria fresca
- lime tagliato a piccoli pezzettini
- basilico
- ghiaccio tritato o a scaglie
- pepe rosa
- vino bianco

E parlando di cocktail famosi, fantastico è il *Barracuda* che nel tempo ha trovato la sua versione con il Prosecco chiamata *Barracuda Top*. Qui il vino non viene messo al posto degli altri liquori o distillati, ma in aggiunta finale per regalare uno *sparkling* lungo, più dissetante e leggero. È molto usato con una centrifuga di ananas non filtrata e spesso viene servito dentro il guscio esterno dello stesso ananas. Molto diffuso nel sud della Spagna e nelle isole del Mediterraneo, in Italia questa variante l'ho vista poco:

– due parti di Rum bianco

– due di Galliano (liquore aromatico che ha fra le spezie che lo compongono anice, liquirizia e vaniglia)

– tre di succo di ananas

– una di succo di limone

– una di zucchero liquido

Simile nel procedimento di composizione, e cioè con l'aggiunta di vino spumante alla fine della sua preparazione fino a colmare il bicchiere, è il *Russian Spring Punch*:

– due parti e mezzo di Vodka

– due parti e mezzo di succo di limone

– una parte e mezza di Crème de cassis (altro non è che sciroppo di ribes nero che nasce nella zona della Borgogna in Francia)

Ed è proprio la Crème de cassis alla base del cocktail di Champagne più amato al mondo: il *Kir Royale*! Molto facile da preparare ma obbligatoriamente va servito nella flûte ben ghiacciata!

– nove parti di Champagne

– una parte di Crème de cassis

e il gioco è fatto! Poi abbiamo tantissime variazioni sul tema Kir in cui le dosi rimangono le stesse ma cambiano le basi. Qualche esempio:

– *Kir pétillant*: con spumante, di solito, o Prosecco o Cava spagnolo invece di Champagne, e mi raccomando fate attenzione perché purtroppo molti baristi improvvisati spacciano il secondo al posto del primo!

– *Kir Imperial*: con il lampone al posto del cassis ma sempre come base lo Champagne, il mio preferito, dove la componente acidula del lampone conquista molto di più.

– Infine il *Kir Breton,* con sidro di Normandia al posto dello Champagne, risulta essere sicuramente un cocktail molto più beverino.

Come non parlare poi dello *Spritz*!? Questo aperitivo sta girando tutto il mondo e i barman si stanno impegnando in ogni angolo e club alla moda nel dargli una loro personalissima identificazione. Ma lo Spritz classico è:

– due dosi di Aperol
– tre dosi di vino bianco
– una spruzzata di seltz o soda
– ghiaccio tritato o a scaglie
– mezza fetta di arancia

Questa è la ricetta originale, ma la versione più richiesta è quella con il Prosecco che la rende *sparkling* e più accattivante. C'è poi chi la presenta in una variante ancora meno alcolica e preferisce dosarlo con l'Aperol soda... quindi ancora più bibita (sinceramente la preferisco meno!).

E se parliamo di *light* allora vi porto un esempio di come un cocktail famosissimo, il *Mojito*, con una base divisa a metà tra il classico rum bianco e del vino Recioto può scendere da 500 a solo 230 calorie. Anche in questo must dei cocktail, la versione più rotonda e meno alcolica fatta con il vino sta diventando una tendenza:

- 8 foglie di menta
- 3 cl di succo fresco di Lime non filtrato
- 3 cl di zucchero liquido
- 3 cl di rum bianco
- 3 cl di vino Recioto
- soda
- una spolverata di zucchero di canna bianca e ghiaccio tritato.

Vi dirò: anche per una purista come me è stata una gradevolissima sorpresa. E come diceva quel motto pubblicitario? Sì: provare per credere.

Si possono fare tantissimi cocktail anche con i nostri liquori e passiti fatti in casa, come il Limoncello (ultimamente di gran tendenza in Canada), il Nocino (con soda, ghiaccio e menta diventa molto dissetante) ma anche la Ratafià, il famoso liquore a base di vino e visciole, può essere un'ottima base per cocktail.

Il *Fioroso,* per esempio, con un vino liquoroso a base di Raboso del Veneto e mixato con del vino Raboso giovane e frizzante; basta aggiungere qualche cubetto di ghiaccio, seltz e foglia di menta ed eccolo il nostro *Fioroso*: leggero, fresco e nuovo.

Giacomo: Cosa si diceva a tavola a proposito degli itinerari?

Lui: Diverse cose e forse tu non hai ascoltato.

Giacomo: Eccome, si diceva della Sicilia e delle sue isole, mi sbaglio?

Lei: Sì, e vi ricordate del viaggio fatto insieme qualche anno fa? Saranno stati un paio d'anni.

Lui: Magari, almeno cinque.

Lei: Comunque: ricordo benissimo come ci siamo divertiti e in quanti modi diversi abbiamo gustato il Passito.

Elena: Be', io lo ricordo come aperitivo con grandi cubetti di ghiaccio servito con del pesce crudo e zenzero. Unico!

Giacomo: Io impazzivo invece quando l'abbiamo usato per aromatizzare le pesche gialle o le percoche. Tagliavamo la frutta e la lasciavamo macerare per un po' con delle foglie di menta. Poi, dopo averle mangiate, bere quel Passito è qualcosa che non si dimentica tanto facilmente.

Lei: A dire la mia, ho sempre apprezzato un sorseggiare classico e asciutto, da meditazione quasi e a temperatura ambiente. Nel caso, meglio quei passiti con una spiccata nota salina... E comunque il passito è sempre un gran finale per una cena.

Comunque la cosa bella è che molti di questi cocktail si possono benissimo fare a casa! Anche se un pizzico di Pantelleria l'ho trovato ultimamente a Milano, in uno dei più famosi cocktail bar sui Navigli, Rita, come base per cocktail.

10

VINO E SEGNI ZODIACALI

Ogni sabato, e per quattro stagioni, la rubrica de *La cucina delle Stelle* in *La Prova del Cuoco* prevedeva una ricetta veloce per il weekend e Branko, astrologo notissimo, che, fra un passaggio su come fare la besciamella e come pulire un carciofo, declinava l'oroscopo segno per segno della settimana successiva. E, allora, nel finale entravo io con un vino nel calice. Ma non l'abbinavo al piatto, troppo scontato per una donna Acquario come me con ascendente Leone!, bensì al segno zodiacale che Branko settimana per settimana riteneva più appropriato, e d'altronde l'astrologo è lui! In quattro anni durante i quali ci siamo scambiati confidenze, storie, truccatrice e camerino, lui, da buon friulano e già conoscitore dei vini che il suo prezioso territorio produce, ha approfondito con me la conoscenza del mondo vino e io con lui mi sono introdotta nel mondo degli astri e dello Zodiaco, territorio per me del tutto sconosciuto!

E da allora amo giocare all'abbinamento vino-Zodiaco e posso garantire che la combinazione è divertente e per certi versi geniale! Così, anche quando penso di regalare una bottiglia di vino a qualcuno mi rifaccio agli insegnamenti di Branko, sui tratti del suo segno, l'anno di nascita e ascendente, se lo conosco, e posso dire che il vino acquista un certo valore aggiunto grazie a questa chiave di interpretazione così insolita e originale.

Un esercizio alla portata di tutti e per il quale vorrei indicare solo come muovere i primi passi nel mondo dell'abbinamento vino-segno zodiacale citando, per ogni segno, un paio di aggettivi che lo rendono riconoscibile e il vino che gli è più congeniale. E abbinamento per abbinamento, perché no?, anche il piatto più appropriato da gustare. Insomma: un incontro baciato dalle stelle.

ARIETE

Temperamento: collerico, coraggioso e creativo.

Vino: Negroamaro.

Intenso, cupo, stratificato, di eccellente eleganza.

...la grande morbidezza che presenta questo vino nel suo equilibrio usatela per poter smussare quegli angoli spesso chiusi dal troppo orgoglio che l'Ariete spesso presenta.

Abbinamento: Maialino al forno.

TORO

Temperamento: buon senso, paziente e possessivo.

Vino: Nero D'Avola.

Compatto, elegante, articolato, ricco, con chiusura balsamica e fruttata.

...per suggellare il loro forte senso dell'amicizia e senza la necessità di svenarsi comprando questo vino, visto che sono fra i più parsimoniosi dello Zodiaco!

Abbinamento: Coniglio in agrodolce.

GEMELLI

Temperamento: ingegno, fascino, suscettibilità.

Vino: Teroldego Rotaliano.

Trama pregiata, appagante, inizialmente impenetrabile e compatto, tannicità garbata e piacevole.

...proprio come il Gemelli all'inizio circospetto, più incline ai flirt che alle storie durature, ma pronto ai viaggi e ai cambiamenti... un vino questo per conquistarli!

Abbinamento: Sella di cervo alle bacche di ginepro.

CANCRO

Temperamento: organizzativo, emotivo e tenace.

Vino: Cinque Terre Sciacchetrà.

Nobile, caldo, eloquente, persistente, dolce con un'ottima sapidità nel finale a bilanciare il tutto, piacevolmente equilibrato.

...ottimo per equilibrare quel suo vivere fra due mondi quello esterno e quello più intimista e introspettivo.

Abbinamento: Torta di mele e noci.

LEONE

Temperamento: determinato, gentile e conquistatore.

Vino: Montepulciano D'Abruzzo.

Articolato, di estrema finezza, dalle sensuali sfumature, ricco nel gusto, deciso nel finale.

...avere a che fare con l'ego dei Leone vi posso assicurare che è una grande scuola di vita, quindi proporre un vino quasi più protagonista di loro, li porta subito a confrontarsi... quasi fosse una gara fra il vino e loro... e voi avrete più tempo a disposizione per studiarli meglio!

Abbinamento: Cosciotto d'agnello al forno con patate novelle.

VERGINE

Temperamento: malinconico, analitico e critico.

Vino: Brunello di Montalcino.

Austero, profondo, coinvolgente fin dall'inizio, profumi complessi e di grande corpo.

...visto che tendono un po' a snobbare le questioni di cuore, si spera che la magia di questo vino li renda meno ipercritici!

Abbinamento: Filetto in crosta di spezie.

BILANCIA

Temperamento: disinvolto, diplomatico ma sanguigno.

Vino: Morellino di Scansano.

Immediato, schietto, fresco e di ottima struttura, con profumi di sottobosco, funghi, visciole e ciliegie.

...per poter penetrare in quel sottobosco di charme e raffinatezza che non sempre esce fuori dalla Bilancia... e poi sono così attratti dalla ricchezza, che sarebbe giusto e doveroso fargli conoscere un vino così «ricco» di emozioni!

Abbinamento: Filetto al lardo di Colonnata.

SCORPIONE

Temperamento: possessivo, intuitivo e spesso privo di tatto.

Vino: Barolo.

Inizialmente chiuso, estremamente elegante, stiloso, prezioso, equilibrato e di struttura. Fresco in chiusura.

...il Barolo come lo Scorpione reclama le sue origini e il suo territorio... con la differenza gli Scorpione pensano che solo con loro si possono provare le più intense emozioni, e voi allora aprite un grande Barolo e fategli capire che esistono altre fonti di piacere!

Abbinamento: Petto d'anatra con purè di mele.

SAGITTARIO

Temperamento: ottimista, schietto e distratto.

Vino: Amarone.

Cupo, toccante, inebriante, unico, impenetrabile, morbido e avvolgente al gusto.

...spesso sono ottimi conversatori ma pessimi ascoltatori, e allora quale vino migliore da aprire e condividere anche in silenzio, per il semplice piacere di ascoltare note che non per forza debbano provenire dalla loro voce!?

Abbinamento: Spezzatino di manzo con bambù e funghi... ma anche un buon sigaro e della cioccolata fondente.

CAPRICORNO

Temperamento: concreto, diplomatico e alle volte un po' pessimista.

Vino: Sagrantino di Montefalco.

Carico, luminoso, di rara intensità, esplosivo, generoso, con grande forza tannica, ma cerebrale che chiede lo sforzo di essere capito.

...proprio così, anche il Capricorno vuole essere capito, di affetto di solito ne dà poco, è più incline a esibire i suoi beni che il suo amore, ma sono certa che il Sagrantino riuscirà a scaldare il cuore più insensibile!

Abbinamento: Fagiano alla cacciatora.

ACQUARIO

Temperamento: indipendente, trasgressore, solitario.

Vino: Franciacorta Spumante (tipologia Satin, meglio!).

Sfavillante, caleidoscopico, gioioso, ma anche sobrio ed estremamente elegante, persistente nel perlage.

...eh già, quella parte del sognatore che c'è nell'Acquario segna una personalità alla continua ricerca di emozioni e di novità, le bollicine rappresentano un volano per partire con le idee e gli interessi che vivono in questo segno, e poi la bollicina li aiuta a uscire fuori da quei momenti di solitudine che spesso si impossessano di loro! (si vede che è il mio segno, eh?),

Abbinamento: Catalana di crostacei.

PESCI

Temperamento: altruista, emotivo, mutevole.

Vino: Pinot Nero.

Balsamico, avvolgente, aristocratico, di classe sopraffina, complesso e seducente, morbido, con tannini vellutati e lungo finale

...c'è chi li descrive come un po' autodistruttivi e spesso irrisolti, ma con un grande cuore e disponibilità verso il prossimo (impiegando minor energia possibile, s'intende!). Aprite con loro un grande Pinot Nero, li accomuna la riservatezza, e sarà un grande piacere vedere un Pesci aprirsi lentamente così com'è abituato a fare il Pinot Nero!

Abbinamento: Polenta al sugo di lepre.

Lui: Carino questo giochino di vino e segni zodiacali, non me ne avevi mai parlato.

Giacomo: Forse è meglio, stasera dopo storia e geografia ci mancavano anche altri giochini.

Elena: Ma Giacomo, smettila un po' di fare l'insolente.

Lei: Si scherza volentieri, no?

Elena: Grazie, cara, grazie ancora della magnifica serata.

Giacomo: Grazie, e scusami per qualche parola di troppo.

Lui: Ma va...

Lei: Grazie a voi. Siamo stati bene, no?, con il mio vino e la mia tavola. In fondo questa è la cosa importante, il resto... non vi pare? L'amore è una cosa meravigliosa, il vino lo è di più!

RINGRAZIAMENTI

Grazie a

Daniele Muratore, Angelo Giovannini, Paola Simonetti, Luciano Mallozzi e Lorenzo Costantini.

A tutti i miei amici produttori, enologi, sommelier, ristoratori, chef e curiosi con i quali in questi anni ho aperto tante bottiglie di ottimo vino, sperando di aprirne molte altre.